Papa, pourquoi les papas ça sert à rien ?

Éric Landroy

Papa, pourquoi les papas ça sert à rien ?

Max Milo
Témoignage

www.maxmilo.com
ISBN : 978-2-315-00631-1

À mon fils Anatole qui, depuis 5 ans,
remplit mes samedis après-midi de son rire
et de ses cris de joie avant de pleurer à 18 heures.

Introduction

Je m'appelle Éric Landroy, j'ai 48 ans. J'ai été marié quinze ans et même si mon union battait de l'aile, je ne parvenais pas à envisager une séparation. Parfois contemplatif, souvent naïf, j'ai mis toutes mes ressources dans notre foyer – une petite maison de ville en banlieue parisienne. Je me suis assoupi dans notre petite routine. Quand je me suis réveillé, j'étais à la porte.

Violemment expulsé de mon domicile après un divorce prononcé comme une condamnation, je me bats depuis cinq ans pour obtenir plus qu'un samedi après-midi sur deux avec Anatole, mon fils, soit vingt-cinq samedis par an sans Fête des pères, sans Noël, sans vacances scolaires.

Je suis un homme ordinaire. Ni meilleur ni pire qu'un autre. Je ne suis coupable d'aucun délit ni d'aucun autre fait que la morale réprouve. Pourtant, mon rôle de père est nié. Mis à la porte de chez moi, perdu dans les procédures de la séparation, abusé par des avocats, ballotté de tribunal en tribunal, je vis un enfer depuis 2010. J'ai été au bord du gouffre.

Un jour, des papas perchés sur des grues m'ont redonné espoir : je ne serais donc pas seul ? Je me suis rendu alors dans des associations susceptibles de m'aider. J'y ai découvert un monde inconnu, un refuge pour hommes en détresse, pour hommes brisés, pour hommes cassés à vie. J'y ai surtout découvert une vérité : ma situation était tristement banale. Loin d'être unique, mon cas se noie dans le nombre, mon histoire se répète à l'identique chez des milliers d'autres pères qui se plaignent comme moi d'être insuffisamment considérés par la justice. J'y retournerai, j'écouterai des milliers d'entre eux. Ce livre est le contrechamp d'une pièce quotidiennement jouée dans les tribunaux français : « Madame la maison, Monsieur la pension. »

Cela vous paraît caricatural ? Attendez la suite. De cette symphonie plaintive de pères s'élèvent les mêmes protestations : la Résidence alternée égalitaire ou Résidence égalitaire (RE) trop souvent refusée, les Non-représentations d'enfant (NRE) abusives, l'Éloignement géographique volontaire (EGV) si peu sanctionné, le tout parfois sur fond d'accusations odieuses de violences conjugales.

Les chiffres parlent d'eux-mêmes, pour peu qu'on veuille les écouter : 2,8 millions d'enfants vivent dans une famille monoparentale [1] et 1,5 million ne voient plus leur père. Près de 350 000 séparations ont lieu chaque année, dont la moitié impliquent des enfants à charge [2]. En cas de conflit, la garde est principalement accordée à la mère (dans plus de sept cas sur dix). Les associations d'aides aux pères sont saturées d'appels : 30 000 plaintes annuelles pour NRE, sans compter les innombrables mains courantes. Toute femme, qu'elle soit mariée, pacsée ou en union libre peut partir quand elle veut où elle veut. Trop souvent, le système judiciaire

1. Source Insee.
2. Source Ined.

entérinera la nouvelle situation – « Les enfants restent avec la mère » –, condamnant le père à de longs trajets bimensuels et au versement d'une pension. Pourtant, malgré la séparation un père sur deux est prêt à s'investir pleinement dans son rôle mais n'ose demander la Résidence égalitaire. En effet, elle n'est accordée que dans 14 % des cas. De surcroît, elle n'est jamais acquise : à tout moment, un fait nouveau peut la remettre en question. Enfin, derrière les coutumes et les décors de notre système judiciaire, dans ses coulisses, tout un écosystème vit du marché de la séparation, marché en expansion et promis à un bel avenir. J'aimerais que mon fils et moi puissions en dire autant.

Ce livre, c'est ma grue à moi.

Prologue

Il est dix-huit heures, il va falloir rentrer…

Mon petit bonhomme sait que l'argent, ça fait sourire les gens. Il aime bien, lorsqu'il voit une personne assise devant un gobelet, me demander de ces piécettes dorées car lorsqu'elles tombent dedans, pendant un instant la personne perd ses rides.

Il aime bien acheter des bonbons pour son copain voisin car la dame, tout en pesant son cornet, lui rend encore plus de pièces. Il trépigne tellement il est heureux : c'est un monde merveilleux avec plein de crocodiles sucrés et encore plus de pièces pour encore plus de bonbons !

Il connaît le secret de papa pour avoir toutes ces pièces. Il a trouvé un endroit avec au-dessus une enseigne jaune qui s'appelle la poste. Son papa va directement à la machine magique et met un papier dedans. Ça fait du bruit, la machine renâcle puis, après quelques essais, elle avale le papier et… bling ! C'est la chute : plein de rondelles dorées qui tombent avec fracas et que des petites mains avides saisissent aussitôt en criant de joie : « Papa, encore, encore ! »

Le papa cède souvent. C'est pourquoi un samedi sur deux, il a les poches plus lourdes : il est riche.

Ce samedi-là, en sortant de la poste, dans une petite rue à côté, ils ont découvert un vide-grenier et, main dans la main, s'y sont promenés. Il fallait choisir des objets utilisables brièvement. Pas de livres pour enfants : il n'aura pas le temps de les lire. Ni ce jeu de Meccano, non, désolé bonhomme, tu n'as pas assez de temps avec ton papa. Ah ! si j'avais aussi le dimanche, soupire le papa, ce sacro-saint « samedi ET dimanche », tant demandé auprès de ces dames-juges.

Le papa a dit oui pour le bras du robot. C'est un tube métallique. Lorsqu'on le pousse à une extrémité, les trois crochets à l'autre bout s'ouvrent. C'est aussi une pince à sucre, mais le papa s'est bien gardé de le lui expliquer.

Sur le bras du robot, une étiquette : « 2 € ». Confiant, son petit poussin a tendu toutes ses piécettes, reliquat des crocodiles sucrés, mais la dame a doucement secoué la tête. Alors le papa a sorti la grosse pièce et la dame a souri. Devant l'étonnement de son fils, il a bien dû se résoudre à entamer son innocence. Il lui expliquera que ce n'est pas la quantité ni la brillance des pièces qui fait leur valeur, mais ce qui est écrit dessus.

Sur le chemin du retour, dans la voiture, son petit lutin à côté de lui enlèvera l'étiquette avant de la coller sur la portière et de lui déclamer d'un air espiègle :

« Papa, regarde ta voiture : elle vaut deux euros ! »

Alors le papa de s'exclamer, tout affolé : « Quoi ? Deux euros ! Mais ce n'est pas cher ! Enlève ça vite : on va nous l'acheter ! »

Et le petit lutin de lui obéir, puis d'aussitôt recommencer :

« Papa, ta voiture : deux euros ! »

Et le papa, pris au jeu, de s'exclamer encore plus fort… Le jeu durera jusqu'à la maison, avec plein de rires dans la voiture.

Eh oui, mon petit bonhomme, vois-tu, il y a parfois de bonnes heures dans ce monde ! Et celles-ci assurément en furent.

Ces bonnes heures à venir, certains en ont plus que d'autres, alors ils les appellent le bonheur. J'aimerais tant que tu connaisses ce bonheur et un papa c'est une chance pour cela.

En attendant, cette fin d'après-midi et alors que la pluie froide frappait aux carreaux, cette pince à sucre seule t'a suffi. Le bras du robot à renfort d'onomatopées agrippait tout bruyamment. Et tandis que l'imagination d'un petit garçon en location emplissait lentement le salon, son papa fixait l'horloge ennemie : dix-huit heures… Il va falloir rentrer.

1. Une demande en divorce par LRAR

« Le mariage a été célébré le 26 juillet 1993. Un enfant est issu de cette union.

Anatole, né le 5 avril 2007. »[3]

Cet après-midi-là, son petit bonhomme d'à peine trois ans sur les épaules, le papa rentra de sa promenade, fourbu. En longeant les ruelles, son fils avait fait une fixation sur les petits phares orange à l'entrée des portails.

« Pimpon », avait répondu le papa. Le nom avait beaucoup plu au petit, qui voulut dire bonjour à tous les « pimpons ». Alors le papa avait arpenté les rues et, de sur ses épaules, une petite main se tendait de temps en temps et touchait le phare orange en disant « Jou Pimpon » d'une jolie voix enfantine, si pure et exquise que c'en était un régal.

Au retour, devant la boîte aux lettres il hésita, il était distrait. L'avait-il déjà ouverte ? Il vérifia et trouva parmi les publicités une simple bande de papier à son nom. Un recommandé ?

3. Toutes les citations en exergue sont extraites des minutes des procès-verbaux reçus par l'auteur.

Arrivé à la maison, il remit le petit devant son dessin animé qui tournait en boucle. Il avait le temps de passer à la poste. Il s'y rendit et dans la file d'attente, il se demanda vaguement ce qui l'attendait. Une fois l'enveloppe en main, il la déchira et eut un choc. Il était convoqué au palais de justice… Motif : demande en divorce ! Des années plus tard, il rencontrera bien d'autres papas qui lui exprimeront la même surprise, le même traumatisme devant le recommandé.

Une petite maison de ville près de Paris, un enfant collé au grand écran, captivé par son dessin animé *Oui-Oui* et un père interrogateur, agitant un recommandé à son épouse. Scène finale d'une trajectoire banale. Madame ne lui prêta, comme à son habitude, aucune attention : il existait déjà si peu ! Désormais, c'était fini, elle venait d'appuyer sur le bouton « Éjection ». Il n'insista pas, c'était inutile : au concours du silence, il ne faisait pas le poids.

Pendant les mois précédant la date fatidique, il se remémorera la décennie passée. Oui, c'était entièrement de sa faute : il avait souvent hésité mais en dépit des voyants rouges qui s'allumaient peu à peu, il n'était pas parti.

Le premier voyant s'était mis à clignoter bien des années auparavant. Madame, infirmière de métier, pouvait travailler de nuit et Monsieur protesta faiblement. Absurde, absurde de se croiser tant d'années, le soir et le matin, chacun dans son travail, ses habitudes. Le second voyant, c'est quand Madame lui annonça qu'elle finançait la maison de sa mère. La belle-mère, nantie de faibles ressources, voulait une petite maison pour sa fin de vie et toute la belle-famille s'était mise à cotiser. De nouveau Monsieur, vu le fait accompli, protesta faiblement. Comme ils étaient mariés, il était perplexe ; il songea souvent à ce virement mensuel du pot commun : cela ne lui semblait pas normal mais à qui en parler ? Il n'était pas assez proche de ses amis ou amies pour se confier à eux et sa famille était loin, dispersée. Alors il se tut : ouvrir le débat avec Madame, c'était l'empoignade assurée et des semaines sans se parler.

Le troisième voyant fut la voiture commune. Certes, lui ne l'empruntait que rarement et utilisait plutôt les transports en commun, mais tout de même : Madame lui annonça qu'elle l'avait donnée à son frère. Mis encore une fois devant le fait accompli, que faire d'autre que de protester pour la forme ? Bien naïf, diront certains. Eh bien oui, il se l'avouait : avec sa bouffarde et son air décalé, il s'était reconnu dans l'un de ces films qu'il vénérait : le Jacques Tati de *Mon oncle*. Plus distrait et rêveur encore, et un peu veule aussi.

Dès la première alarme, il aurait dû dire « non » quitte à déclarer la guerre, à s'imposer ou à se séparer. Il l'avait d'ailleurs un temps envisagé, il avait visité quelques appartements, s'interrogeant sur le chauffage, les charges, etc. Bien des soucis et puis il avait songé à sa petite maison, à ses bricolages, à ses balades en vélo, à son travail, à la promenade quotidienne du chien pendant laquelle il pouvait bavarder des heures avec les gens rencontrés au hasard. Il compensait ainsi son besoin de communiquer. Finalement, il n'était pas si malheureux et il avait suspendu ses recherches. S'il avait su…

En vérité, des voyants il y en avait eus dès le début, mais lui idéalisait l'autre tandis que l'autre ne voyait en lui que ses défauts et tout homme en a. Ils étaient, c'était banal, des mal-mariés et il était le seul à l'ignorer. Or, voici qu'un jour il ne s'en soucia plus car l'enfant qui tardait à venir tomba du ciel. Cet événement-là fut un ravissement ! Quel changement

1 – Une demande en divorce par LRAR

que ce tout petit bout ! Sitôt les premiers babils, il se mit vite à combiner des mots chaque jour pour demander qu'il ouvre sa mallette de travail car il en avait sorti, un soir, à la vue du petit curieux, un jouet !

Pour Madame, l'enfant était sa propriété exclusive et elle ne le partageait qu'avec sa famille. Avait-elle hésité un peu avant d'appuyer sur le bouton « Éjection » ? Lui, avec ses bricolages approximatifs, sa manie de récupérer et d'entasser plein d'objets hétéroclites, ses marottes et sa distraction légendaire, devait lui sembler bien lourd, encombrant. Au surplus, le prix de l'immobilier avait doublé et la maison finissait d'être payée. Pour toutes ces raisons, un jour au retour des « Jou Pimpon », ce petit papier l'attendait.

Ce soir précédant Noël, le papa, rentrant de son travail, trouva son fils surexcité devant le placard ouvert de la cuisine. Il avait découvert le carton du garage automobile insuffisamment dissimulé et le suppliait de le monter. Le petit tenait fermement la boîte à l'affriolante affiche et, à son regard têtu, le père sut qu'il ne céderait pas. Alors et malgré sa fatigue, il s'assit sur le sol et passa la soirée à se prendre la tête avec des boulons en plastique à côté d'une petite boule d'énergie qui, pleine de « vroum vroum », le perturbait dans sa tâche. Le garage du papa, laborieusement achevé, était bancal. Pourquoi tous ces boulons en trop ? Il persévéra en vain, regrettant de s'être lancé dans cette construction nocturne. Il ignorait encore que c'était là l'une de ses dernières et ô combien merveilleuses soirées avec son fils.

2. Le bureau des répudiations

« Entendus séparément puis ensemble, les époux n'ont pu se réconcilier, et ils n'ont pu s'accorder sur le principe de la rupture de mariage. »

C'est un grand édifice de béton laid, sorte d'immense château de Kafka environné d'une nuée de corbeaux affairés qu'on appelle aussi avocates. Blondes, brunes, belles, elles sont souvent là, sur le parvis du château, en talons hauts, cigarettes aux lèvres, tout en noir et ne vous accordant aucun regard.

Fin 2010, le papa erra longtemps dans ces labyrinthes avant de trouver le bon bâtiment, le bon étage et le bon couloir. L'incessante activité de ces alvéoles-bureaux, toutes bourdonnantes de femmes pressées, le fit songer à une ruche. Oui, c'était bien une gigantesque ruche, avec sa reine que l'on nomme aussi « Mme la procureure ».

Enfin, la bonne porte entrouverte, il se retrouva dans un petit bureau comme les autres où l'attendaient deux dames : la juge et la greffière. Plus tard, il apprendra le nom que donnent certains papas à ce passage, cette épreuve : l'abattoir. Pour l'instant, il l'ignore et s'assoit avec confiance. Il ne l'avait pas vue mais Madame est là, dans le coin de la porte avec son avocate. Le sien vient d'entrer, un peu en retard. La dame-juge de l'autre côté du minuscule bureau vérifie méticuleusement leur identité puis la robe noire adverse se met à parler très vite. Dans le flot continu qui maximise ses revenus et minimise ceux de Madame, il entend soudain qu'il serait indifférent à l'enfant. Le papa veut parler ; la juge, de la main, l'en empêche.

Derrière son petit bureau, la dame-juge se penche :

— Donc vous êtes d'accord pour divorcer ?

Le papa, écœuré après la plaidoirie de la robe noire d'en face, hausse les épaules et répond d'un petit « oui ». Que faire d'autre ? Puis, étonné, il voit son avocat prendre une posture théâtrale et proclamer : « Madame la présidente, la vérité, comme toujours, est au milieu du gué… » Tandis que ce laïus grandiloquent se déploie, lui songe à des choses bêtement pratiques. N'aurait-il pas dû dire que Madame gagnait plus que lui, comme la fiche d'impôt le prouve ? que la maison était payée ? Il voulut parler, mais de nouveau la petite dame le rabroua de la main. Tout s'enchaînait trop vite et l'infortuné avait l'impression d'être un figurant dans une scène mille fois jouée.

La juge lui demande alors :

— Monsieur, voulez-vous avoir la garde de l'enfant ?

Curieuse question… Ah ! oui, bien sûr, mais c'est que Madame a demandé la garde exclusive, alors la juge lui tend une toute petite perche. Au moins Madame fut franche et son point de vue, limpide. Combien de fois lui avait-elle répété de la laisser tranquille, qu'elle était heureuse toute entourée de sa famille, de son enfant, son travail, sa maison, ses amies, etc. ? Il fut bien forcé de reconnaître que, en se mettant à sa place, sa logique tenait la route : elle était en bien meilleure posture que lui. Elle voulut le convaincre de tout abandonner, de ne pas lutter, de se sacrifier par un beau geste en s'en allant sans rien réclamer.

Il refusa ce sincère appel à l'altruisme total (il devait être un monstre d'égoïsme). Certes, la situation ne lui était pas favorable mais la ruche, pensait-il, rétablirait l'équilibre. Or Madame, pour avoir parmi ses relations des divorcées, savait, elle, que la ruche lui était acquise. Ce qu'il ne pouvait prévoir alors, c'est que ces miettes de paternité que la petite dame dans ce petit bureau allait lui lancer et sur lesquelles il se jetterait tel un pigeon affamé seraient son maigre et unique viatique pendant bien des années.

Oui, bien sûr, pourquoi n'aurait-il pas de papa ?

— En attendant que vous trouviez un logement pour l'accueillir, vous aurez votre fils un samedi sur deux de dix à dix-huit heures. La juge reprit :

– Pour la pension alimentaire, je…

– 480 !

– 150 !

Là, il fut stupéfait du réflexe des robes noires et prit conscience de leur métier : dans le domaine familial, c'était l'instant clef.

– 250, monsieur ?

Préoccupé par son minuscule temps de garde, le papa expira encore un faible « oui ». Un samedi après-midi toutes les deux semaines, c'était peu. Il aurait dû quémander une demi-heure voire une heure de plus, c'était l'unique moment où il aurait pu le faire. Hélas ! il ne le savait pas.

La dame, qui avait d'autres pères à répudier, congédia tout le monde. L'échange d'au plus dix minutes le laissa dans un profond malaise, d'autant qu'il lui semblait avoir surpris quelques regards furtifs et condescendants entre toutes ces femmes. Comme la vague impression d'être un cheval qu'on amène à l'abattoir et qu'on rassure pour qu'il ne se cabre pas au dernier moment. Il apprendra plus tard que la moyenne de ces petits conciliabules qui déterminent le reste de votre vie est de dix-huit minutes.

L'avocat qui lui avait fait ce discours shakespearien complètement décalé, il l'avait trouvé en sonnant à la première plaque dorée. C'était l'erreur classique : cette interface de robes noires étant obligatoire, il les avait crues, un peu comme les médecins, tous du même niveau. Or la compétence n'est pas inhérente à cette profession puisqu'elle n'est pas payée au résultat. Sa robe noire entrait dans la vaste catégorie des opportunistes qui sont nombreux à dire oui au naïf qui, affolé, poussé par une séparation, sonne à leur porte. Les conflits familiaux, c'est le flux principal des affaires aux tribunaux civils et ça rapporte gros. Alors, et même si ce n'est ni leur domaine de prédilection ni leur conviction, ils succombent à ce marché d'argent facile où, faute de résultats, leurs clients, d'incidents en appel, continueront de toute façon à les rétribuer.

Quelque temps plus tard Le papa reçut trois feuillets résumant ce bref conciliabule. Le système judiciaire le nomme ONC (Ordonnance de non-conciliation). Cela veut dire que les parties ne sont pas en bons termes et qu'en attendant la séparation définitive, les mesures inscrites sur ces feuilles sont exécutoires.

Il découvrit qu'après le compte à rebours pour l'abattoir, un autre s'était déclenché, plus violent : « Dit que son conjoint devra quitter les lieux dans un délai maximum de quatre mois à compter de la présente ordonnance, à peine d'expulsion. »

Toujours dans sa naïve idéalisation du système judiciaire, le papa avait imaginé qu'ils se seraient tous deux retrouvés devant une personne soucieuse de leur relogement. Et celle-ci, pleine de sagesse, aurait comparé minutieusement leurs possibilités (famille proche, employeur, patrimoine, etc.). Ensuite, voyant que c'était manifestement Madame de loin la mieux lotie, elle aurait laissé le père dans la maison, à charge pour lui de la vendre.

Mais non, ce sujet n'avait même pas été évoqué lors de ces dix minutes d'entretien, tant il était naturel, instinctif et routinier que l'homme, par défaut, fût expulsé !

3. Madame la maison, monsieur la pension

« Où étant et parlant d'immédiatement et sans délai déguerpir et vider de corps et de bien les lieux comme il en est dit en fin d'acte. Faute de ce faire, votre expulsion et le séquestre s'il échet des meubles sur-le-champ, etc. »

Il avait lu et relu la lettre, rédigée sur papier bleu pâle de l'huissier. Son langage style cape et épée du XVIIIe siècle lui semblait ridicule, comme si Don Quichotte venait de surgir à sa porte. Le papa se dit que s'ils étaient obligés d'employer ce français archaïque, c'était pour intimider. Ce ne pouvait être sérieux…

Désormais, il vivait seul dans la maison. La cohabitation forcée en attendant qu'il ne se reloge dans le délai imparti avait été difficile. Madame, insatisfaite, n'était pas revenue d'un week-end dans sa famille, où elle était partie avec son fils. Il découvrira plus tard, dans les papiers de son avocate, qu'elle l'avait accusé de violence, sans toutefois trop forcer : il lui fallait bien un prétexte. C'est ce qu'on appelle un EGV, très courant et très peu sanctionné. Le papa se vit contraint de louer un véhicule toutes les deux semaines et de parcourir une centaine de kilomètres pour voir son fils. Ayant lu et relu l'ONC – « Le père exerce un simple droit de visite un samedi sur deux de 10h à 18h jusqu'à ce qu'il justifie d'un logement pour accueillir son fils » –, il transmit preuves et lettres à son avocat, démontrant qu'il avait mieux qu'un petit logement puisque, Madame partie, son fils avait toujours sa propre chambre ! Il allait donc de soi qu'il devait l'avoir samedi ET dimanche. Il attendit impatiemment le feu vert du grand château car les longs trajets rognaient ses rares heures avec son fils et la location du véhicule deux fois par mois lui revenait cher. Pressé, il court-circuita son avocat, trop lent à reformuler sa demande et écrivit chaque semaine directement à la juge chargée de son dossier, mais la boîte aux lettres restait désespérément vide. Son avocat, agacé par ses courriers directs – « Ça ne sert à rien, c'est un pouvoir régalien, ils ne vous répondront pas » –, finit enfin par rédiger la requête, mais à un autre palais : celui du nouveau domicile de l'enfant, sans plus de résultat. Et le temps passa...

Il se souviendrait toujours de ce samedi-là : il était content, il faisait la grasse matinée en repensant au samedi précédent avec son bonhomme. Il avait enlevé la deuxième roulette de son vélo. Le petit pédalait tout crispé et, tous les deux mètres, le vélo finissait par pencher d'un côté ou de l'autre mais le papa, derrière, veillait et le redressait. Puis ce fut dix mètres, puis vingt… Enfin, le petit bonhomme prit son envol et le papa respira profondément pour retenir l'instant magique, enfin ! Il fixa dans sa mémoire l'image de son petit garçon à la fois ravi et tout étonné sur son vélo rouge, de ne plus tomber.

Ce matin-là, le papa souriait sous la couette. Il prévoyait de couper du bois puis, puis… il verrait bien… et se rendormit.

Un vacarme énorme. On frappait avec rage à la porte d'entrée et des voix, plein de voix autour de la maison résonnaient, des voix d'adultes aguerries, il le sentait.

Le papa prit ce qui lui tombait sous la main et s'habilla en hâte – ce qu'il regrettera par la suite. Le tambourinage augmentait. Mais qui sont ces furieux ? Il descendit, s'approcha de la porte d'entrée. Il entendit « Police, ouvrez ! », puis des conversations. Ils étaient nombreux, ils parlaient, cherchaient un moyen de pénétrer à l'intérieur, tournaient autour de sa maison. Le papa, derrière la porte fermée, agitait ses mains pour préparer son discours ; il leur dirait « Messieurs, du calme, c'est ma maison, je l'ai en partie construite et je l'ai payée : c'est chez moi ici !... »

Par les fenêtres, il les entrevoyait qui grouillaient, ces « hommes en bleu » : devant, derrière, combien étaient-ils ? Et le tapage devenait infernal, il n'en pouvait plus. Il prit une grande inspiration, ouvrit la porte et s'élança. Le malheureux ! Ses bras levés pour parler furent-ils pris pour une menace ? Sur-le-champ il fut mis à terre par trois policiers. Écrasé par la tornade bleue, son discours se mua en plaintes et cris : « Mais c'est chez moi, c'est chez moi !» Immobilisé sous leur poids, sa tête bloquée et tournée vers le plan de cuisine qu'il s'était jadis tant échiné à découper, il sentit une main fouiller les poches de son vieux pantalon et trouver ses clefs : il avait affaire à des expulseurs professionnels.

Comme il gigotait encore, on lui replia de force les bras dans le dos. Bon sang, que ça faisait mal ! On lui passa les menottes, avant de le relever.

Escorté par les policiers, il fut guidé dans l'allée silencieuse des petites maisons dont les rideaux de fenêtres bougeaient : les voisins. Arrivé au portail de la copropriété, on le poussa dehors.

Il portait son vieux pull du week-end. Ses affaires, son portefeuille, sa carte de transport, son badge pour le travail, tout ça était dans sa veste. Il quémanda au policier qui lui enlevait les menottes d'aller les lui récupérer. Ce dernier, guère enthousiaste, revint vers la maison en traînant les pieds. Le papa se frottait les poignets, il attendait, déboussolé quand, de loin, il vit revenir l'homme en bleu et fut pris de panique : ce n'était pas la bonne veste ! Il fit un pas pour revenir dans l'allée mais fut immédiatement ceinturé : « Si tu déconnes, c'est gardav' », lui cria une sorte de brigadier musclé avec un drôle de petit képi. « Mais monsieur, c'est la marron, la marron !» Il le répéta en suppliant le policier qui arrivait avec la mauvaise veste ; celui-ci hésita. Le papa était prêt à se mettre à genoux. L'homme en bleu dut le sentir car, de mauvaise grâce, il retourna sur ses pas…

Les policiers attendaient que le père désormais SDF s'en aille. Il prit sa veste marron et fit quelques pas. Le papa était si traumatisé qu'il se retourna et leur posa une question idiote : « Mais je vais où ? À droite ou à gauche ? » Les hommes en bleu l'observaient sans compassion, prêts à obéir à l'ordre lancé, un peu comme des chiens à l'arrêt : arrêter un délinquant ou expulser un père de famille, peu importe : ils s'exécutaient.

Le papa longea la rue. Il vit une voiture arriver, la reconnut, mais avec son vieux pull, Madame ne lui prêta pas attention, son fils non plus qui, derrière, sur le siège enfant, tétait son biberon. Elle revenait ; l'ordre du palais – « Madame la maison, Monsieur la pension » – avait été exécuté.

Le papa s'interrogeait : Où aller ? L'hôtel ? Il y songea avant de repousser l'idée. C'était trop humiliant, et puis il n'avait pas de brosse à dents… Il passa en revue ses connaissances. La plus proche était une amie de travail qui, de par son âge, lui servait de confidente en cette période difficile. Il lui téléphona, elle accepta. Il lui en expliquera plus tard le motif. Pour le moment, il avait trop honte.

Le surlendemain, sur les conseils de cette amie, il appela le commissariat. Elle avait raison, il devait pouvoir récupérer ses affaires. On lui répondit qu'un policier l'assisterait pendant sa visite, mais qu'il lui faudrait se dépêcher, ils n'avaient pas que cela à faire. Il retourna chez lui et en une demi-heure maximum fourra dans un sac tout ce qu'il put prendre : ordinateur, vêtements, trousse de toilette… Vite, l'homme en bleu s'impatientait.

Il vivra ainsi quelques mois, hébergé chez cette amie à laquelle il payait un loyer. Elle l'avait bien averti, ayant toujours vécu seule et n'étant plus très jeune, elle avait ses habitudes. Installé dans le petit salon de son appartement, il découvrit en effet qu'elle était accro aux séries américaines, ce qui le gênait un peu. Il étouffait dans cet appartement trop petit et surtout sans chambre pour recevoir son fils samedi ET dimanche. Il lui fallait trouver au plus vite un logement à Paris ou dans sa proche banlieue. La location d'un appartement suffisamment vaste étant hors de prix, mieux valait acheter mais, sollicitée, sa banque lui fixait un plafond d'endettement trop bas.

Que faire ?

4. Surmonter le spleen

« Pour permettre à l'époux de se reloger, il lui sera laissé un délai de quatre mois. »

Vu le traumatisme vécu, il avait demandé à son médecin traitant, une femme, si la consultation d'un psychologue serait bénéfique. Elle lui indiqua l'adresse d'une de ses collègues, pas très loin, sur la place du centre-ville.

Il prit rendez-vous, trouva la plaque dorée et sonna à la porte. Une splendide jeune femme ouvrit et le fit s'asseoir devant son bureau. Elle lui annonça qu'elle l'écoutait. Il se lança sur les événements récents, puis s'embrouilla dans la chronologie, voulut reprendre. Il était en plein élan oratoire quand la psychologue l'arrêta. C'était trente minutes et cinquante euros. Non, elle n'avait pas de terminal pour les cartes bancaires mais avait l'habitude : « En sortant du bâtiment, sur votre droite à vingt mètres, vous avez un distributeur. » Il revint avec la somme et elle lui fixa un nouveau rendez-vous. À la séance suivante, il s'était préparé, avait mis de l'ordre dans ses idées et se mit à exposer chronologiquement sa vie. Il en était à tisser plus de liens dans son récit, à en découvrir lui-même les emboîtements logiques quand la dame le stoppa net : temps dépassé, cinquante euros. À la fin de la quatrième séance, il demanda à la psychologue pourquoi elle ne lui posait toujours pas de questions : cela le déroutait. Elle lui dit qu'elle l'écoutait et que... c'était cinquante euros. En sortant du cabinet, il se dit que c'était là un bien beau métier si elle écoutait ainsi une dizaine de personnes par jour, au surplus payant en liquide... Mais peut-être qu'à la énième séance, elle allait tout lui expliquer de sa vie, de son identité, ce serait alors la grande révélation. Oui, mais encore combien de séances ? Certes, il en convenait : raconter sa vie lui faisait du bien, il se sentait plus clair, plus solide. Toutefois, l'amie chez qui il vivait l'écoutait aussi, sans limite de temps et surtout gracieusement. Il mit donc fin, sans regret, à ce monologue tarifé.

Le papa passa l'été chez cette amie. Ils mangeaient tous deux dans sa petite cuisine. Un jour, il se souvient, il avait acheté un vin de Gamay. Il aimait ce cépage. Pendant le repas, il avait bu toute la bouteille. Le ciel bleu clair d'été et le gamay lui avaient délié la langue. Comme avec la psychologue, il s'était relancé dans la grande fresque de sa vie. Quelle belle synthèse ! Il en avait les yeux embués et quand il les essuya, il s'aperçut qu'elle n'était plus en face de lui. Il la retrouva dans le salon, elle regardait sa série américaine.

Toutes les deux semaines, il allait frapper à la porte de sa propre maison pour retrouver son petit bonhomme et le ramener chez elle passer quelques heures d'intense bonheur. Il constata qu'une présence féminine rassurait son fils et qu'il était heureux de retrouver les autres enfants de la famille de son amie, du même âge que lui. Mais il manquait sa sacrée chambre et le papa cherchait désespérément un logement. Que faire ? Refaire sa vie, comme on dit ? Cela lui paraissait une aventure à hauts risques, parsemée d'embûches et de chausse-trappes. Le monde avait changé. Sur les murs du métro s'affichaient en grand format de gentilles et belles femmes plantureuses attendant l'amour de leur vie sur Internet. En trois dimensions, il n'avait jamais croisé de cette catégorie-là. Par ailleurs, comment être sûr que madame Jekyll, avec l'usure du temps, ne se transformerait pas en madame Hyde ? Sa confiance s'en était allée. Pour preuve, sur le reste de ses affaires récupérées, inconsciemment il avait partout inscrit au gros marqueur ses initiales. Traumatisé par sa violente expulsion, il avait pris par réflexe des précautions, par exemple d'avoir plusieurs petites trousses de toilette, au cas où les petits bleus reviendraient. Oui, la confiance n'était plus.

Il se mit à prospecter et reprit espoir en visitant plein de logements. Il tomba un jour sur une maisonnette, certes de bric et de broc mais charmante et à côté d'un parc. Le coup de cœur. Finalement, ayant bien tout pesé, il se décida. Son amie qui vivait dans son petit appartement était d'accord car elle y gagnait aussi : pourquoi ne pas vivre à deux dans cette petite maison en banlieue ? La banque, malgré le peu d'apport, autorisait le prêt s'ils étaient ensemble. Il s'endetta donc lourdement sur vingt ans mais le petit aurait de quoi s'amuser et lui, vu l'état de la maison, de quoi bricoler.

Avant même le passage devant le notaire, les anciens propriétaires lui ayant laissé les clefs, il avait presque achevé le déménagement. Il faut dire que lui n'avait pas grand-chose à emporter. Dès le premier jour de l'installation, il acheta un petit lit pour son fils, un meuble pour les jouets et un bureau scolaire sur lequel il installa un ordinateur, un vieux Macintosh qu'il avait récupéré et bourré de jeux. Il prit aussitôt plusieurs photos de la chambre de son fils, « un samedi sur deux jusqu'à ce que le père ait un logement ». Cet obstacle qui depuis longtemps le taraudait n'avait plus raison d'être : il l'avait, son logement, la juge n'avait plus qu'à apposer son tampon et sa signature. La preuve était dans son Smartphone, dans les justificatifs de son nouveau domicile, dans les témoignages qu'on lui fit spontanément. Il envoya le tout par courriel à son avocat laquelle, quoique habitué à sa réactivité d'escargot, ne lui répondit pas : « C'était dans ma boîte à spams… », s'excusera-t-elle plus tard.

5. Papa huit jours par an

« Le père exerce un simple droit de visite jusqu'à ce qu'il justifie d'un logement pour accueillir son fils. »

Et le samedi suivant, une petite tête curieuse aux yeux étonnés poussa la porte de la nouvelle maison. Son bambin fureta partout. L'endroit lui plaisait, il y avait plein de coins pour jouer à cache-cache. Il découvrit avec ravissement sa chambre et ses jouets. Il alluma l'ordinateur et, avec son papa, fit quelques jeux. Puis il demanda s'il y avait d'autres enfants pour jouer avec lui. Le papa dit oui ; c'est l'une des raisons qui l'avait poussé à ce si rapide achat : le plus proche voisin, un couple, avait un garçon du même âge.

Et les mois s'écoulèrent, ponctués de ces samedis après-midi dont la rareté faisait de chaque instant un événement unique. L'automne arriva vite et une première neige, bien fragile, s'étendit sur la maison et le parc avoisinant. Le papa, lors d'un samedi sans son fils, fit un petit bonhomme de neige en espérant qu'il tienne jusqu'au prochain week-end. Le samedi suivant il avait fondu, ne laissant que la carotte du nez dans une flaque de boue. Le temps était radieux et le papa décida de faire un tour au parc. Il proposa l'idée au fiston qui, d'un grand sourire, lui tendit ses bras. Il le hissa sur ses épaules et tous deux se mirent à vagabonder dans les chemins du parc sous un beau soleil de fin d'automne. Soudain, son petit bonhomme, qui le bombardait de questions, lui en posa une bien étrange :

« Papa, pourquoi la neige elle se cache du soleil ? »

Le papa observa le creux du fossé. La neige, oui, n'est plus que du côté de l'ombre. *Mais, mais… C'est qu'il est poète, mon petit !*

Le papa serra très fort les petites mains de son fils : il venait de repenser à sa tentative absurde. Il y a peu, n'en pouvant plus de ce samedi après-midi tous les quinze jours et surmontant sa timidité, il était entré dans le commissariat responsable de son expulsion. Il avait tout emporté et montra l'ordonnance estampillée du beau papier du tribunal annonçant noir sur blanc que dès l'instant où l'enfant aurait SA chambre le père aurait une extension de la garde. Il expliqua à ces messieurs en bleu que c'était très simple : on montait dans leur voiture, on allait voir sa chambre (ce n'était pas loin), et on vérifiait tout : son lit, ses jouets… On irait interroger les voisins pour s'assurer qu'il était un bon père malgré le faible temps qu'on lui octroyait avec son fils. Ensuite, concertation et opinion faites, on mettait le gyrophare : délit « d'impaternité » ! Urgence, direction le tribunal. On monterait voir la dame-juge, on lui expliquerait, elle mettrait le tampon, elle signerait et… et deux semaines plus tard, son petit lutin s'endormirait pour la toute première fois dans SA chambre !

Merveilleux, non ?

Hélas, le libre arbitre des policiers, c'est à la télé ; la réalité, en bleu frileux, de rétorquer : « On obéit à la LOI, on n'a pas à prendre parti, on doit rester neutres… » Un peu de compassion, une pincée d'irritation et un semblant d'infime hésitation.

Ces rares samedis après-midi, son fils sur les épaules, il se rendait compte que les gens les remarquaient. Surtout les mamans, elles sentaient que c'était fusionnel ; elles devaient se dire avec envie : quel papa ! Si elles savaient qu'ils rattrapaient là quinze jours d'absence, quinze jours de doubles souffrances.

Eh bien oui, mon petit ! À trop souffrir, ton papa, il est devenu comme toi : poète.

Un autre samedi, dès qu'il fut monté dans la voiture, son petit bonhomme, qui avait dû l'apprendre à l'école, se mit à lever un à un ses petits doigts en égrenant les jours de la semaine : « Dimanche, lundi, mardi, mercredi, jeudi, vendredi et, et : papa ! » Devant le visage illuminé de joie de son fils, le papa n'osa le désavouer et il s'embourba dans des explications d'adultes : « Oui, oui, dans sept jours, mais avant il faut faire un «incident» par l'intermédiaire d'une avocate auprès de dames appelées JAF et que… Il s'arrêta et songea à la robe noire qui s'était trompée de palais tandis que son petit, sûr de son calcul, prononçait « FAF FAV ? » en fronçant les sourcils. Alors le papa s'était mis dans la tête d'un môme de cinq ans et lui avait décrit un château avec des sorcières dedans. Ces sorcières étaient très occupées et ignoraient ce qu'était un papa…

Et ce samedi après-midi-là, en revenant des courses en voiture, le papa vit soudain au loin se dégager un grand édifice sombre. Regarde ! Le château de la sorcière ! Que n'avait-il pas dit ! Le petit voulut mordicus y aller.

Arrivés devant l'imposant édifice presque désert, derrière la grande porte un vieux policier leur tendit le menton. Le papa lui expliqua : mon fils veut voir la maison des sorcières, celle qui depuis trois ans l'empêche d'avoir son papa.

— « Huit jours par an que je l'ai, en cumulé, mon fils », lui répéta-t-il. Gêné, le vieux policier haussa les épaules.

— « Comment être père ? Vous avez des enfants, vous ? »

L'agent lui répondit non, essaya de sourire. Son collègue arriva, ils discutèrent. Son poussin s'ennuyait de leurs conversations, il tournait et passait sous le portique silencieux. Le papa lui donna alors ses clefs, ça bipait, ça l'amusait.

Et le second policier de déclarer que la paternité à la trappe, c'est « normal » ; qu'ils n'y pouvaient hélas plus rien. Et de lui dépeindre son désespoir de vieux policier. Sa vaste culture surprit autant que son désarroi : le papa ne savait pas notre société, la police, si atteintes. « Notre civilisation est foutue, ça va péter. Enfin… nous, on est proches de la retraite. », conclut-il.

Et le père, se prosternant en vain depuis tant d'années devant ce palais, pensait être, du moins avant les grues, une exception. Il avait comme un malaise.

Et son petit lutin, lassé de son jeu, de lui lancer de ces regards qu'il ne connaît que trop : « Papa, je m'ennuie… »

Le papa s'agenouilla et plaça son garçon devant lui, « Vous savez ?… Il veut être policier quand il sera grand ! »

Et son fils de sourire timidement, lançant un regard admiratif aux deux hommes aux pistolets : pour lui, ce sont des dieux.

Et les dieux d'agiter leurs mains en signe de dénégation : « Surtout pas, petit, non, non ! »

Oh ! Le terrible tableau, le terrible désaveu !

Perplexe, le papa sortit, plein de compassion pour ces hommes en bleu complètement désabusés.

Anatole, juché sur ses épaules, avait trouvé un nouveau jeu : il mettait les mains devant les yeux de son papa qui, aussitôt, faisait la girouette, tâtonnait puis faisait semblant de trébucher ou d'entrer dans un mur : son petit bonhomme gloussait, n'en pouvait plus de rire et ne cessa de l'aveugler jusqu'à la voiture.

Sur le trajet du retour et tandis que dans le rétroviseur le château sombre s'éloignait, le papa était bien songeur en pensant à ces dames fonctionnaires qu'un enfant voit comme sorcières et dont l'indifférence envers le père n'a pas la moindre incidence sur la carrière. Enfin, soupira-t-il, malgré la cruauté de ces samedis, il y avait bien pire douleur : celle de ces pères totalement coupés de leurs enfants…

6. Redoutables robes noires

« L'époux demandeur s'est présenté assisté de Mᵉ Valérie X, Avocat, ainsi que son conjoint, assisté de Mᵉ François Y, Avocat. »

Combien de fois lui a-t-on ressassé, rabâché qu'il lui fallait prendre un avocat femme ? Ce sont les plus redoutables, promptes qu'elles sont à exploiter la moindre faille.

La sélection de son ex-épouse fut impitoyable. Combien de robes noires congédia-t-elle avant de trouver l'arme fatale, à la fois compétente et sans scrupules ? À l'instar de la sélection naturelle qui, il y a 65 millions d'années, conduisit à la suprématie totale du plus grand prédateur terrestre, elle avait déniché son *Tyrannosaurus Rex*. Une des meilleures scènes de *Jurassic Park* le représente poursuivant une Jeep dont les occupants recroquevillés au fond de l'engin sentent le souffle fétide de l'énorme mâchoire les poursuivant.

Comme beaucoup de papas, il a l'impression d'être dans la Jeep.

Par la suite, il en a vu et interrogé beaucoup de cette profession-là. Elles lui ont dit en haussant les épaules qu'en effet l'éthique, dans leur métier, n'est pas nécessaire au chiffre d'affaires. L'avocate-business, elle, va défendre son client quelles que soient ses volontés, à condition d'un gros chèque à la clef. Certaines exigeront un pourcentage sur le résultat. En effet, quoi de plus motivant, lorsqu'une prestation compensatoire de centaines de milliers d'euros est en jeu, que d'obtenir 5 à 10 % de ladite prestation ?

L'avocate-business experte en séparation familiale est plus qu'intelligente : elle est toute en finesse et politesse. Elle connaît de ces astuces subtiles, de ces filouteries classiques, qui marchent à tous les coups. Si vous êtes ou voulez devenir robe noire, prenez note, elles vous rendront redoutable. Voici, du bréviaire de l'avocate moderne, une de ses petites recettes garanties de succès : « Tout ce qui a été fait une fois peut être indéfiniment répété et exagéré. »

Par exemple, si Monsieur a tardé une seule fois à payer sa pension alimentaire, dites qu'il ne la paie pas. Ce n'est pas mentir, c'est simplement omettre certaines précisions utiles. Autre exemple personnel : Monsieur, en ramenant son fils le samedi soir, réclame ses lunettes. Mais bien sûr, c'est du harcèlement ! Il quémande poliment ? Non ! Il vocifère furieusement et récidive systématiquement. C'est bel et bien un harceleur dangereux autant que violent. Un autre ? Monsieur, un samedi soir, tarde : sa voiture est tombée en panne. Il envoie maints SMS à son ex-femme et arrive épuisé à vingt-deux heures. Appliquons la règle : ce monsieur rend systématiquement son fils à vingt-deux heures sans prévenir et de surcroît sans avoir fait goûter l'enfant. Il méprise donc ouvertement l'ordonnance du tribunal lui octroyant généreusement depuis fin 2010 ce petit temps de paternité. « Plaise à Madame la juge… », conclut perfidement le rapport du Tyrannosaure.

Autre recette incontournable : le péché de l'ombre. C'est le grand classique dont les robes noires usent et abusent constamment. Pour l'illustrer, prenons deux personnes en plein milieu du Sahara... Du sable à perte de vue et un soleil cruel. La loi est la suivante : faire de l'ombre est un péché. Alors l'une des deux personnes se met derrière l'autre et déclare « Tu me fais de l'ombre, j'appelle mon avocate ». L'autre aura beau se déplacer, elle ne peut échapper au péché de l'ombre et sera donc perpétuellement coupable.

Inverser la cause et la conséquence, voilà une part importante de l'activité des robes noires et du système judiciaire. Monsieur veut des explications, hausse le ton, Madame l'accuse de violence, Monsieur fait donc de l'ombre : coupable ! Ou encore : Monsieur a une maîtresse alors que, délaissé, il ne cherche qu'à rompre avec la solitude : derechef, c'est un faiseur d'ombre : coupable !

Revenons à l'avocate-business post-moderne, ce Tyrannosaure du droit familial, dont le papa ignorait tout du monstrueux métier. Après deux années de lutte acharnée pour avoir une audience dans l'un de ces petits bureaux du palais de justice, le voici enfin en face d'elle. Pourquoi deux ans ? Parce que l'autre partie étant allée un temps dans sa famille, elle avait par conséquent changé de juridiction et il fallut changer de palais. Quand l'autre palais finit enfin par se réveiller, Madame revint au domicile après l'expulsion puis ses demandes d'extension furent différées à d'innombrables reprises, tant par la partie adverse que par l'agenda du palais qui somnole pendant les vacances judiciaires (ainsi se nomment les vacances scolaires dans les palais). Enfin bref, l'audience s'ouvre, le dossier est complet, témoignages en nombre, photos de la chambre de son fils, rien ne s'oppose à ce sacro-saint dimanche.

Son avocat débite son laïus : Monsieur, malgré la distance, ne ménage pas sa peine pour voir son fils tous les quinze jours, il loue une voiture, fait bien des kilomètres, etc. Arrive le tour du *Tyrannosaurus Rex.* Il commence par jouer une carte classique : émettre des doutes sur la santé mentale. « Monsieur n'arrête pas d'écrire des lettres impolies pour réclamer son fils. C'est un instable, un cas pathologique, etc. » ; « Quant aux témoignages, plaise à Madame la juge de constater qu'ils ne sont pas fiables car venant de proches...» ; « Plaise à vous de constater, ô Madame la présidente, que la photo de la chambre de l'enfant n'est pas certifiée par huissier, ce peut être n'importe quelle pièce ! »

Et le Tyrannosaure continua tant ses perfides insinuations que le papa sentit la dame derrière son petit bureau chercher une échappatoire. Il lui fallait bien faire un choix. Or que fait un être humain, tout juge soit-il, quand il n'arrive pas à se décider ? Comme tout le monde, il essaie de « botter en touche », de trouver une faille, une anomalie pour repousser l'affaire aux calendes grecques... ou à la juge suivante. Et il vit cette dame assise derrière son bureau qui, par malchance, était encore une nouvelle, se défausser sur la précédente. Manque tel document, « surseoit » par conséquent à la demande d'extension de Monsieur... Et comme le papier en question dépendait de l'autre partie, cette dernière sortit paisiblement de l'audience tandis que lui était catastrophé : il avait annoncé à sa mère laquelle, de santé fragile et incapable de se déplacer de son village de Haute-Savoie, que les vacances arrivaient et qu'elle allait enfin voir son petit-fils.

Depuis, le papa a souvent songé à cette profession. Certes, il sait qu'il y a des robes noires qui ne sacrifient pas leur éthique et qui, plus rares encore, sont de bon niveau et défendront au mieux leurs clients. Seulement, elles sont minoritaires et, par manque de chance, il est tombé sur l'une de ces femmes d'affaires sans scrupules. Combien l'autre partie avait versé à son avocate pour qu'un enfant n'ait pas de père ? Un an de sa pension alimentaire, peut-être. Pas besoin de père ? Soit, le client est roi ! Le chèque encaissé, l'ordre exécuté, un enfant continuera de pleurer le soir à dix-huit heures sur le chemin du retour. Le papa s'en plaignit au chef local des avocats, dit « bâtonnier ». Il écrivit une belle lettre, décrivant l'attitude « zéro éthique, maxi fric » de l'avocate de sa circonscription et exigea des sanctions. N'ayant pas lu Confucius, il termina sa lettre par « La balle, Monsieur le bâtonnier, est dans votre camp... » L'interpellé se précipita aussitôt sur la faille juridique, arguant que le mot « balle » pouvait être pris au sens propre et porta plainte pour menace de mort !

L'infortuné papa, bien incapable de se défendre sur ce plan-là, aura subi toutes les vicissitudes du système. Cette caste-là, férocement protégée par ses bâtonniers, dissimule un business des plus terre-à-terre sous ses apparats noirs et son serment de haute probité.

Que disait Confucius aussi ? Ah oui, que le poisson pourrit par la tête.

7. Trois ans de prison et 45 000 euros d'amende

« Fait défense à chacun des époux de troubler l'autre en sa résidence ; l'autorise à faire cesser le trouble, à s'opposer à l'introduction de son conjoint et à le faire expulser, si besoin est avec l'assistance de la force publique. »

Ce samedi, le papa bombe le torse à côté de son vélo de course tandis que son bambin gambade autour de lui, ne cessant de lui répéter « Papa, pourquoi t'as volé ton vélo chez toi ? » Cette phrase l'amuse beaucoup, sans doute parce qu'elle sonne bien ou parce qu'il a de l'humour ; sûrement les deux.

Eh bien oui, il l'avoue volontiers : il a volé son propre vélo !

Le paradis des samedis, c'est toutes les deux semaines à dix heures devant la porte de sa propre maison. Il sonne une fois, deux fois, il attend, re-sonne… L'attente dure mais il faut être prêt pour la photo car brusquement la porte s'entrouvre et, avec un immense sourire, un petit lutin déboule dans ses jambes. Il a toujours en main une babiole, parfois un des outils de son papa qu'il cachait et brandit triomphalement. À ce rythme, il va finir par récupérer toute sa boîte à outils…

Mais cette fois, à force de rabioter quelques minutes, il arrive vraiment trop tôt : neuf heures ! Il frappe et refrappe : pas de réponse. Alors, déçu, il furète autour de la maison. Il longe la clôture du jardin, et tout à coup entrevoit Anatole dans le salon, assis juste devant la grande télé, le nez collé sur l'écran. Il est trop près, captivé par un dessin animé ; de temps en temps il lève les bras et s'esclaffe.

Il n'ose lui faire signe... Trop peur de la police... Le papa patiente. Pour passer le temps, il examine le jardin. Les herbes y poussent dru, une tentative de potager a eu lieu dans un coin. Au fond, la cabane du jardin et… dépassant derrière celle-ci, la roue arrière de son vélo de course. C'est le printemps et les petites balades lui manquent. Il lui tend les bras, son vélo ; il suffirait, si le portail n'était pas fermé, d'aller le prendre.

Enfin l'heure autorisée ! Il sonne de nouveau et son lapin, comme d'un chapeau, sort soudain. Il lui saute au cou, le noie de bisous, puis le papa le prend par la main et ils commencent à s'éloigner quand… Et puis zut, demi-tour, direction le jardin, suivi du petit :

— Tu fais quoi, papa ?

— Je vais… je vais voler mon vélo !

Aussitôt dit, aussitôt fait. Le papa enjambe la clôture, file vers sa bicyclette, le saisit puis ressaute de l'autre côté. Tout en soulevant son engin pour le faire passer au-dessus de la clôture, il voit du salon qu'il est pris en photo : clic-clac ! Tant pis, il sourit un peu, par orgueil d'être pris ainsi en flagrant délit.

Son petit lutin est tout content de l'aventure « Papa, pourquoi t'as volé ton vélo chez toi ? » Il en rigole, le petit. Et lui de lui répéter tout fier : « Un papa, ça ose ! » Et puis c'est son vélo après tout…

S'il avait su… Le surlendemain, c'est la douche froide : « Allô M. Landroy ? Ici le commissariat, pouvez-vous passer à telle heure ? Nous avons une plainte contre vous... »

Au poste, il lui a bien fallu la signer, cette convocation au tribunal qui disait en grosses lettres noires et sévères que « Nous avisons qu'il est reproché à... de s'être introduit au domicile... en tout cas sur le territoire national... »

Bon, les petits bleus avaient annoncé la couleur : il va falloir courber l'échine, ramper, faire amende honorable car Monsieur, vous n'êtes pas en position de force – ça, il commençait à le comprendre.

Le samedi de l'infâme délit, sous un ciel d'après pluie, le papa et son petit poussin ont bien profité de leur larcin en faisant enfin un tour de vélo ensemble. Son petit bonhomme voulait passer seulement dans les grandes flaques d'eau, il adorait. Deux petits gars pédalant dans un monde faisant commerce du lien qui les unit.

Il s'y est rendu, à cette convocation au Palais des Sorcières. Il a attendu à côté d'un petit bureau qui s'est soudain ouvert. Une personne en est sortie et le papa s'est présenté. Là, il fut surpris : il était en face d'un homme. Le premier depuis des années, il n'était plus habitué. En tout cas, pour le côté répressif, le monsieur, avec ses grosses moustaches, convenait à l'emploi, elles lui donnaient un air sévère. Il s'assit, fronça ses sourcils et ayant fini de lire de sa grosse voix le procès-verbal du commissariat où le papa confessait son infâme forfait, il l'en réprimanda vivement. Pendant la lecture il avait vu, éparpillées sur le bureau, des photos tirées sur imprimante du flagrant délit que Madame, par l'intermédiaire de son avocate, lui avait envoyées. Son sourire en noir et blanc en train d'enjamber la clôture avec le vélo rendait le monsieur pas content. Il cite le Code pénal : la sanction sera lourde, il encourt trois ans de prison ferme et 45 000 euros d'amende. Il se tait, laissant la sentence pénétrer le lent esprit du papa. Puis il reprend

7. Trois ans de prison et 45 000 euros d'amende

en citant diverses suites possibles. Il semble peu favorable au tribunal correctionnel car il n'a pas de casier judiciaire. Il décide de lui laisser une chance et, sourcilleux, annonce qu'il va tenter une médiation.

Le papa saute sur l'occasion : « Mais moi, je veux seulement récupérer mes affaires ! » Le moustachu opine de la tête : « On va voir si c'est faisable. » Ce n'est pas un mauvais bougre mais au souvenir de tous ses échecs, le papa s'enquiert : « Mais, mais vous en avez le pouvoir ? »

Il n'aurait pas dû lui poser cette question, elle est hors de son périmètre, ça le contrarie. Déléguer tant de pouvoir à une personne qui prend l'ONC au pied de la lettre, c'est difficile à rattraper, le papa aurait dû y songer. Il n'est pas rassuré, il lui fait part de ses doutes, car ce pouvoir qui donne sa maison à Madame a bien une date de début mais pas de fin et elle n'est pas pressée d'en partir. De nouveau, le monsieur est embarrassé, il se racle la gorge, explique que c'est l'affaire des avocates, que les démarches peuvent être longues… mais qu'à la majorité de l'enfant, la personne sera de nouveau expulsable. « Ah oui ? » Enfin une bonne nouvelle : au lieu d'engager de longues et coûteuses démarches, il lui suffira d'attendre une ou deux décennies sans décéder entre-temps.

Il en profite pour lui demander pour son fils : depuis trois ans, je ne l'ai que le samedi après-midi, Monsieur… Il entend encore le long chapelet des mots du système : JAF, avocates, procédures, appel, etc. Puis l'autre d'éluder par un : « Ça prend un certain temps et… même un temps certain, mais ce n'est pas de mon ressort. » Lui, son gros souci, c'est que le papa ne pénètre plus jamais dans son propre domicile.

Enfin, dans l'affaire présente il a tout de même récupéré son vélo, c'est déjà ça. Et le monsieur de jouer son rôle de

« réprimandeur » jusqu'au bout ; il l'avertit en appuyant chaque mot de son poing sur la table : « Aucune nouvelle tentative, car sinon, je ne peux plus rien pour vous : c'est la correctionnelle assurée. » Tout penaud, le papa lui fait comprendre qu'il a parfaitement compris la menace. Sa repentance est sincère, les sauts de clôture sont à jamais bannis, c'est promis, juré, craché. Mais tout à sa promesse, surgit alors dans sa mémoire l'image de la pompe à vélo qu'il a, dans sa précipitation, oubliée… Non ! Décidément, 45 000 euros la pompe, c'est trop cher : il en rachètera une autre.

Il sort du château de Kafka à la fois soulagé et effrayé par sa justice de palais qui y est appliquée, si prompte à sanctionner, si lente au bon sens et qui parfois l'égare tranquillement.

Madame ne viendra pas en médiation et sa plainte s'enfouira sous d'autres, jusqu'à prescription.

8. Allô papa, bobo : associations de pères en détresse

« J'ai l'honneur de vous prier de bien vouloir noter que ce dossier est renvoyé pour incident. »

Ce n'est qu'après deux ans de galère qu'il eut le réflexe de chercher sur Internet des informations sur les droits des pères. Avec son incroyable naïveté, il était persuadé que son cas était unique, dû à de fâcheux concours de circonstances, à des dysfonctionnements exceptionnels, à de la malchance peut-être ? Il tomba sur de nombreux sites d'aide aux pères. Comme les syndicats, plus ces associations étaient petites plus elles étaient virulentes. La liste s'effilochait en une multitude de blogs vindicatifs et en furieux forums où des pères désespérés vilipendaient tout le système. Ce n'était pas rassurant, il avait l'air d'un novice découvrant de vieux résistants en plein maquis. Par chance, l'une de ces associations était proche de chez lui et elle tenait une permanence chaque soir. Il décida d'y exposer son cas : sûr qu'on n'allait pas en revenir, pensez ! Ils allaient tous en rester sans voix !

Il se retrouva dans une salle au vieux mobilier, remplie de tables bancales autour desquelles les papas, nombreux avec leur dossier sous le bras, venaient, s'installaient. Le lieu se remplissait et le tour de table commença avec un animateur bénévole. Ce premier soir, le hasard l'avait placé entre deux papas expliquant qu'ils étaient accusés d'attouchements sexuels. Il était mal à l'aise quand l'animateur, complètement blasé, posait des questions techniques. Il se calqua sur son attitude. Son tour venu, son histoire se perdit dans le nombre sans soulever l'indignation. Son amour-propre en prit un sacré coup et il quitta la salle très déçu. Les mois suivants, il fit le tour d'autres associations, plus artisanales encore. Certaines, plus petites, s'étaient spécialisées, l'une dénonçant le placement d'enfants abusif, une autre misant tout sur le juridique : il fallait rééquilibrer les lois… Le souvenir de ces visites le laissa amer : ce n'était finalement que concerts de lamentations sans fin.

Les mois passant et son dossier toujours différé n'avançant pas, il retourna à l'association la plus proche. C'était pour s'informer, pour passer sa hargne mais il était tombé sur tant de cas absurdes, tragiques, pathétiques que depuis il s'y rendit régulièrement. Ces milliers d'histoires parfois terribles lui ont permis de relativiser la sienne : son cas n'est pas grave.

Et puis le papa se mit à aimer ces soirées où toutes les couches sociales se rencontrent, se pressent le soir, autour des tables, et où doucement l'ambiance change, où tout le monde communie dans la douleur d'être privé de ses enfants ou petits-enfants – car les grand-mères tenaces sont là aussi. Le chômeur y côtoie le professeur d'université ; le chauffeur de taxi, le chercheur du boson de Higgs ; le militaire ou le gendarme se retrouvent à côté d'un petit délinquant, père aussi. D'ailleurs, ces papas des forces de l'ordre sont bien plus affectés que le petit trafiquant, car ce dernier se fiche du système mais eux, ils y croyaient dur comme fer, ils le servent et, en en découvrant la réalité, ils sont très peinés. Parfois, il arrive que tous s'allient pour dire non à un homme qui baisse les bras. C'est beau de voir tous ces papas, aux origines sociales si différentes, clamer à l'unisson « Non, n'abandonne pas, tes enfants ont besoin de toi, ils ont besoin de leur père ».

Certains récits l'avaient marqué, tel celui de ce pauvre Malgache au teint blafard, dormant dans la rue, complètement perdu et qui avait tant de peine à s'exprimer en français. Pourquoi avait-il quitté son beau pays ? Sa femme avait quelque famille en France, alors il avait suivi. Livreur de fruits et légumes non déclaré, ce soir-là il range son camion. Son patron lui donne un billet et le renvoie : c'est fini, il n'y a plus de boulot. Penaud, il rentre chez sa belle-famille et traîne quelques jours sans rien trouver : pas facile au noir…

Par contre, sa jolie femme a le sourire ; elle passe son temps à envoyer des SMS. Cela l'intrigue, il veut savoir. La dispute éclate en fin de semaine et tout va très vite. Elle a d'une main ses affaires, de l'autre leur fille de deux ans. Elle sort. Une voiture attend dehors ; un Français au volant, elle monte et disparaît. Sa belle-famille ne le tolère plus, il dort dans la rue avec, en poche, le carnet de santé de la petite, oublié par la mère dans sa précipitation, seul lien avec elle qui lui téléphone pour le récupérer...

Elle devait être bien jolie, cette jeune Malgache. Lui a le teint tout terreux d'avoir dormi dans la rue ; il est écrasé de soucis car sans carte de séjour, il ne peut porter plainte. On a envie de lui dire « Retourne dans ton pays plein de soleil, oublie-la ». Mais lui, son carnet flétri et tremblant dans sa main, il veut revoir sa fille, son petit sourire lui manque tant ! Que faire ? Nul ne sait quoi lui répondre.

Le papa l'avait repéré tout de suite, ce pauvre Malgache, car il était bien « cassé ». Ça se voit autour de la table, les hommes

8. Allô papa, bobo : associations de pères en détresse

« cassés ». On sait que leur histoire va être très dure. Et puis il y a les tout-brisés. Ceux-là, on les reconnaît d'instinct : ils sont tellement cassés de l'intérieur que c'en est irréparable.

9. Garde annulée, inutile de venir

« `Dit que l'autorité parentale est exercée conjointement.` »

Appelons-le Tony Gomez. Il fonce sur l'autoroute, sourire aux lèvres, ce papa. C'est vendredi après-midi : il va chercher sa fille de quatre ans qui l'attend avec impatience pour le week-end. Tout en conduisant, il songe à son « ex » : depuis des mois, plus aucune communication. Cela fera bientôt deux ans qu'ils sont séparés. Il ne s'était pas méfié, à l'époque. Elle n'aimait pas cette banlieue parisienne, elle déprimait dans la maison neuve. Et puis une cousine ou amie ouvrait une boutique juste à côté de la ville de ses parents. La tête dans le guidon, tout à son travail, il n'a rien vu venir. Convoqué à l'abattoir, il dut vendre la maison, la moitié revenant à Madame.

Il met le clignotant, prend la bretelle de sortie, son portable bipe. SMS laconique : « Garde annulée, inutile de venir. »

Pas de réponse à ses renvois. Que faire dans ce cas ? Enregistrer la fameuse NRE, si courante hélas. Il cherche le commissariat, le trouve et, confiant, pousse la porte, donne son patronyme. Aussitôt des policiers l'entourent, l'enserrent, lui passent les menottes. Il est complètement perdu :

— Mais… mais que faites-vous ?

— « Monsieur ! Vous avez, enfin… vous auriez violé votre fille : votre femme vient de porter plainte. »

Complètement abasourdi, il se laisse fouiller, se déshabille sans réagir. On le pousse dans une petite cellule sentant l'urine et le vomi : garde à vue. Comment trouver un avocat dans cette petite banlieue, que faire, que dire ? Ce sera la nuit la plus horrible de sa vie, il ne fermera pas l'œil. L'examen gynécologique ne relèvera aucune trace de pénétration, ni buccale ni vaginale ni anale. Mais le mal est fait. Il ne reverra plus sa fille avant longtemps : c'est automatique, la procureure, par mesure préventive, suspend la garde pendant l'investigation… et celle-ci se prolongera durant des années…

Des récits à la « Tony Gomez » de ces papas brisés à vie, ce n'est pas trop fréquent, heureusement car c'est la confiance en l'humain qui s'écroulerait. Ces tragédies, c'est comme la fin de la guerre entre les Américains et les Japonais : les mamans seules disposent de l'arme atomique et bien que sale et pleine de radiations à vie, certaines l'emploient et parfois de bonne foi : « J'ai entendu mon petit bout dire : «papa-fesse» et j'ai pris peur… » En effet, avec toutes ses histoires de pédophilie qui collent à l'homme mieux vaut prévenir, alors certaines appuient sur le bouton un peu vite.

La leçon sera à retenir pour tous les papas qui se croient au chaud dans le nid, qui songent à le quitter ou plus sûrement qui y seront poussés : si votre conjointe, femme, compagne, concubine ou autre a décidé que jamais, au grand jamais vous ne reverrez vos enfants, elle y parviendra : il faut vous préparer à en faire le deuil.

Ce soir-là, étant rentré tard et la tête encore remplie de toutes ces tragédies, le papa attendait le métro à une grande station, presque déserte à cette heure. Pour passer le temps, il compta les SDF couchés ici et là avec leur litron et en dénombra vingt-deux, pour la plupart ivres. Il eut alors la résurgence d'un article – où l'avait-il lu ? – selon lequel pour près de la moitié d'entre eux, s'ils devenaient ainsi c'est suite à un divorce entraînant la dépression, puis l'alcool, puis la perte d'emploi. La dégringolade, quoi… Le métro arriva, il monta et tandis que les portes coulissaient, il jeta un dernier regard sur ces poivrots au bout du rouleau. Il songea qu'ils faisaient manifestement partie non pas des 40 % qui ont un incident de paiement de pension alimentaire, mais des 16 % définitivement insolvables et pour cause ! Pendant que la rame s'emballait, il repensa aux histoires sinistres de cette soirée. Finalement, s'avoua-t-il un peu égoïstement, tout est relatif : « J'ai encore mon emploi, je vois mon enfant environ huit heures tous les quinze jours et mon «ex» n'appuie pas sur le bouton atomique : j'ai de la chance ! »

10. Monsieur, veuillez déguerpir, sinon c'est la garde à vue !

« Fait défense à chacun des époux de troubler l'autre en sa résidence. »

Le général MacArthur ne serait rien sans la cinquième flotte du Pacifique ; de même, l'ex-épouse occupant la maison achetée à deux serait plus conciliante sans le document du palais affirmant que l'occupante non seulement dispose du domicile mais que, en cas « d'introduction de son conjoint, a le droit de le faire expulser, si besoin est avec l'assistance de la force publique ».

Alors le mari se voit bien marri quand il ramène son petit. Après le dernier bisou, il frappe à sa propre porte qui s'entrouvre. Tandis qu'il tente de parlementer, le petit se faufile dans l'antre. En effet il n'a pas eu le temps de prendre toutes ses affaires, alors il quémande, surtout ses lunettes. Il insiste, il supplie, il en a besoin. La porte tente de se refermer, vite : il met un pied dedans. Sacrilège ! Pourtant, il réclame seulement quelques minutes, ses lunettes sont dans son bureau, où ? Il cherchera… quelques minutes seulement.

Mais l'occupante a composé le 17 et comme le commissariat est à deux pas, les hommes en bleu, tous gyrophares allumés, arrivent et les portières claquent. La dame leur tend la « flotte du Pacifique », dite ONC : l'Ordonnance de non-conciliation. Après lecture, ils se retournent vers lui : « Monsieur, veuillez déguerpir, sinon c'est la garde à vue. » Par la porte-fenêtre de la cuisine, derrière le rideau, l'indésirable entrevoit une petite frimousse avec un gros pli sur le front : c'est la première fois qu'il lui voit une ride. Témoin de la scène, il fixe la main du policier sur l'épaule de son papa qui se retourne et s'en va le dos courbé, passif, suivi par la voiture de police. Le rideau est retombé sur un petit garçon en plein désarroi. Il aura passé sa journée sur les épaules d'un géant qui, au retour, se révèle incapable de récupérer ses lunettes. Plus tard, devenu grand, avec en souvenir du père de telles images, comment envisagera-t-il sa propre paternité ?

Mais quinze jours plus tard, le papa laissera un beau souvenir à son enfant, et sans le vouloir parce qu'il a le même humour que son fils. Ils revenaient tous les deux du centre commercial d'à côté. Son petit lutin sur les épaules, le papa marchait sur le trottoir et venait de dépasser une cabine téléphonique quand soudain, il eut une idée. En effet, son petit poussin était dans cette période des enfants où les mots « pipi-caca » les amusent tant. « Beurk pipi, beurk caca » tout l'après-midi et le papa avait bien ri, puis moins pour finalement s'en lasser, expliquant aux deux petites mains dépassant autour de sa tête que c'était là le langage des bébés et qu'il n'était plus un bébé…

Mais là, devant la cabine, à l'heure de se quitter, tout à coup une idée folle lui vint. Il entre, saisit le combiné puis, d'un air grave, appuie au hasard sur les touches métalliques. Une petite main curieuse au-dessus lui prend le combiné : ça tombe bien, il y a une tonalité, ça fait encore plus sérieux. Il reprend l'appareil et mimant, sans les moustaches, Jacques Tati dans *Jour de fête*, il tonitrue dans le téléphone :

« Allô, la police ? Oui, c'est bien la police... CACA PROUT !!! »

Et le papa pousse la porte de verre et fait mine de s'enfuir à toutes jambes. Pendant qu'il court, il sent un frémissement au-dessus de lui puis un gloussement énorme et qui dure, qui dure… C'est que son lutin n'en peut plus de rire. Et il rira tellement ce jour-là, empoignant et ébouriffant les cheveux de son papa dans cette course folle que, des années plus tard, quand il apercevra une cabine téléphonique, son petit se retournera vers lui et avec un air complice lui lancera : « Dis Papa : on appelle la police ? »

Oui, mon bonhomme : je crois que peu d'enfants ont ri aussi intensément que toi ce jour-là. Je me souviendrai toujours de ton rire, c'était comme une énorme soupape qui sautait, qui fusait, qui tournoyait…

Ces mésaventures au 17 reviennent souvent lors des réunions de papas déboussolés. Certains commissariats l'avouent : il leur arrive d'avoir un tiers de leurs appels tournant autour des discordes familiales. Certes, il ne s'agit pas là d'une moyenne nationale. Toutefois, une chose est certaine : ils sont en constante augmentation.

Un soir, ce nombre terreur revenant dans plusieurs histoires, un des papas qui l'avaient subi, philosophe, dit : « Le 17, c'est un peu le «dégage bonhomme», ma femme m'a dit qu'elle n'hésitera pas à le réutiliser car elle paye ses impôts et c'est un service public comme un autre. »

Un autre soir, ce fut un policier qui raconta sa mésaventure. Il venait juste de se séparer, lui habitait juste en face et revenait

10. Monsieur, veuillez déguerpir, sinon c'est la garde à vue !

pour récupérer les couches-culottes de leur enfant, qu'il avait en garde ce jour-là. Madame refuse, il les prend, elle se jette sur lui, il la repousse. Dans la mêlée elle tombe mal, se fait un gros bleu à la hanche et compose le « Dégage, bonhomme ». Ce sont ses propres collègues qui entrent dans l'appartement. « Madame, voulez-vous porter plainte ? Oui ? Alors on l'embarque. » « Nom, prénom, date de naissance, domicile ?... » Le policier peste devant ses collègues : « Elle a glissé, elle s'est simplement cognée dans sa chute ! » Les collègues se montrent d'une neutralité à toute épreuve tout en lui faisant une fleur : pas de garde à vue. Ce papa n'arrête pas de gémir sur sa carrière, il ne pourra échapper à ce qu'il nomme « un rappel à la loi », il n'en revient pas : plus aucune mobilité et sa carrière compromise pour une histoire de couches-culottes.

Ce soir-là, le papa d'Anatole tient un peu sa revanche, lui qui s'est fait expulser si violemment par ses confrères. Il le dit au policier et ajoute qu'il ne peut avoir de compassion. À vider les pères de famille de chez eux, un jour ou l'autre ça finit par vous tomber aussi dessus... L'homme des forces de l'ordre baisse les yeux.

Bien qu'invraisemblables, incompréhensibles, de tels cas sont trop nombreux pour qu'on ne leur porte pas crédit. Génériquement, c'est le gars qui arrive au commissariat assez endommagé. Sa femme l'a frappé, il veut porter plainte mais celle-ci fait irruption et porte aussi plainte. Et contre toute attente, c'est lui qui est mis en garde à vue.

Un cas affolant : le bonhomme avait vingt et un jours d'ITT (Interruption temporaire de travail). Bref, il avait morflé tandis que Madame se portait comme un charme. Non seulement il fut mis en « gardav' » mais ensuite, devant la juge, il eut droit à une ordonnance de protection (il n'avait plus le droit de s'approcher de sa femme). « Mais mes jours d'ITT ?... », protesta-t-il. La juge lui répondit « Mais Monsieur, vous êtes en conflit : je vous protège autant que Madame ! »

On ne prendra jamais conscience des ravages du 17 lors de disputes familiales qui dérapent. Les soucis, les chamailleries, les reproches, c'est courant dans les couples jusqu'à ce qu'un jour le ton monte trop haut et les coups – de part et d'autre – remplacent les mots... Sans le 17, le calme revenu, on se demanderait « ce qui nous a pris », l'homme en général est penaud… Mais voilà, il y a le 17, et la sonnette de la porte retentit. L'homme qui se croyait jusqu'à ce jour chef de famille se voit soudain entouré d'autres hommes, lourdement harnachés et qui, chez lui, l'abaissent par leurs questions – « Nom, prénom, date de naissance, avez-vous bu ? » – tandis qu'un autre, un peu plus loin, explique à Madame : « Voulez-vous déposer plainte ? Si vous portez plainte, on l'embarque et on le met en garde à vue. » Leurs regards, alors, se croisent : tout dépend d'elle ; dans tous les cas, il ne sera plus jamais « chef de famille ».

Autre exemple : ce papa nommé Fernand. Il est prof de sport et en tant qu'ancien pompier, il sait en toute circonstance conserver son calme. Excellent pédagogue, il s'entend parfaitement avec ses enfants. Mais il a eu une aventure et malgré ses plus plates excuses, Madame l'a assigné, elle veut qu'il s'en aille ! Or ils ne sont pas mariés et la juge s'est déclarée incompétente. En effet, hors mariage elle ne peut statuer si le couple vit sous le même toit – le saviez-vous ?

Enfin bref, Madame exige que Monsieur déguerpisse tandis que lui s'accroche. Un soir, malgré une altercation physique, Fernand est resté stoïque ; le tee-shirt déchiré, il se décide à composer le 17. Sonnette et petits bleus. L'un discute avec Madame, l'autre avec Monsieur. Il leur explique la situation.

10. Monsieur, veuillez déguerpir, sinon c'est la garde à vue !

Question du petit bleu : « Mais pourquoi ne partez-vous pas ? » Certes, vu son tee-shirt en lambeaux, les petits bleus l'inviteront à déposer une « main courante » mais la surprenante question du policier n'en est pas moins révélatrice de l'état d'esprit de notre société : dans le cas inverse, s'il n'avait su garder son calme il serait en garde à vue avec ordonnance de protection.

L'humiliation du 17 est parfois si profonde pour l'homme qu'il quitte le foyer pour ne plus jamais y revenir. Lors des réunions certains hommes, assez âgés, viennent parce qu'ils sont au chômage ou que leurs enfants sont désormais majeurs. Ils ont coupé tous les ponts : plus aucune communication ni avec leurs enfants ni avec leur femme. Ils ne se sont jamais rendus aux convocations, recommandés ou huissiers n'y ont rien fait. Le SJ s'est mis en branle : abandon de famille, condamnation par défaut. Le jugement reçu et le prélèvement automatique enclenché, ils n'ont pas bronché. Curieusement, ils paient la pension alimentaire car ce sont leurs enfants, disent-ils, mais rejettent l'aumône allouée des quelques miettes mensuelles pour les revoir. Pour eux, tout le système – police, justice, avocats – ne forme qu'un bloc : c'est l'ennemi omnipotent et leur seule issue est de l'ignorer totalement. Le traumatisme de l'État faisant si violemment irruption au sein de leur foyer les a tant rabaissés qu'ils en demeureront bloqués à vie. Et tout cela pour deux petits chiffres composés sur un téléphone, sans tenir compte de la vieille psychologie masculine.

Pourquoi l'homme n'a pas lui aussi le réflexe du 17 ? Pourquoi ne prend-il pas un ton larmoyant – « Venez vite : ma femme m'a battu, m'a menacé de mort. » ? Par honneur, par pudeur ou par prudence ? Certes, vu les témoignages il serait téméraire de l'y encourager. Mais tout de même, au diable les vieux schémas ! Pour parfaire l'égalité, l'homme devrait avoir le même réflexe : ne plus hésiter à faire appel à ce service public sitôt que le ton monte. Ainsi, au lieu d'un tiers des appels pour « différend familial », le seuil des 50 % serait franchi et nos policiers seraient définitivement des assistants sociaux. En rentrant le soir exténués, ils se disputeraient parfois et feraient appel à leurs collègues de nuit...

Les forces de l'ordre qui, il y a un demi-siècle encore, avaient pour mission première de régir la société civile sont inexorablement en train de basculer dans la gestion de l'intime, du couple, de la sphère privée. Ce qui accélère ce glissement public-privé, c'est paradoxalement la journée annuelle de la femme battue. Attention : bien sûr qu'il y a des brutes qui battent leur femme et qu'il faut punir impitoyablement, là n'est pas le sujet. Chaque année, les campagnes qui dénoncent les violences conjugales montrent des cas atroces et c'est légitime. La presse, les médias, les politiques font chorus et ne cessent de répéter qu'il faut déposer plainte sans hésiter. Les numéros d'aides aux femmes battues se multiplient et s'affichent partout. C'est un immense progrès, le nombre de plaintes doublera encore, et dans le filet de ces plaintes, des brutes à sanctionner sans pitié. Oui, mais après chaque campagne les répondeurs des associations de pères enregistrent un nombre record d'appels de papas terrorisés ; et des assistantes sociales (merci mesdames) qui reçoivent ces pères apeurés peuvent en témoigner. Pourquoi ? Parce que dans l'inconscient collectif, chaque année la parole monte, d'un côté, d'une marche vers la sacralisation. Rien d'étonnant qu'à force de tendre la perche, certaines la saisissent préventivement : très tentant ! C'est le revers de la médaille de ces campagnes d'incitation à dénoncer la violence. Oui, il y a des abus, un peu, beaucoup, passionnément voire

10. Monsieur, veuillez déguerpir, sinon c'est la garde à vue !

carrément et sans aucun scrupule. Tout homme vivant en couple et s'entendant bien ou pas avec Madame doit prendre conscience que s'il prend l'idée subite à l'autre partie de l'accuser de violence, une mesure de protection lui pend au nez. C'est-à-dire que son propre domicile lui sera interdit, c'est prioritaire par rapport à ses demandes de gardes au JAF, c'est hyper-redoutable et efficace. Ce n'est plus parole contre parole, l'asymétrie est réelle ; il aura beau nier, il aura pour longtemps un boulet aux pieds. ET surtout qu'il ne s'énerve pas le papa, déjà accusé d'être violent : cela ne fera que l'enfoncer davantage.

11. Le travail de papa ? Un exutoire

« M. Éric LANDROY a déclaré en 2009 un salaire net imposable de xxx euros. »

Il y a de ces moments qui serrent tellement le cœur qu'on hésite à se les rappeler. Ceux, début 2011, des premiers samedis. Son petit garçon tenait absolument à emporter son tricycle. À dix-huit heures, en le ramenant, le papa sortit le petit engin en plastique bleu et jaune du coffre de la voiture. L'enfant voulut de nouveau remonter dessus et peinait, transpirait, il avait une goutte sur le front, tout à son effort, obstiné à pédaler comme les grands jusqu'à l'autre maison.

Arrivé devant la porte, son poussin saute de son tricycle et lui fait un gros bisou. Le papa frappe et regarde le petit visage grave qui pressent qu'il ne va pas revoir son papa avant bien longtemps. Du haut de ses trois ans, il a beaucoup réfléchi et il a trouvé le méchant, la cause à autant de dodos entre les visites de son papa car ce sera long, très long avant qu'un « toc toc » familier, qu'il reconnaîtra entre mille, ne frappe de nouveau.

Juste avant que la porte ne s'entrouvre, le papa entend soudain sa petite voix ingénue, cristalline, pure et triste qui monte dans l'aigu et qui lui annonce : « Papa… il a son travail. »

Et là, ça lui fait mal, mais vraiment mal, tellement mal que son cœur a du mal à tourner, parce que justement à son travail il ne travaille pas bien. Ces trop rares après-midi si courts déboussolent son papa, alors son travail il le suit au fil de l'eau, il devient distant avec tout.

Mais il faut rassurer le petit car il a longtemps réfléchi et il faut confirmer le rôle du méchant ; alors, tandis que la porte commence à l'engloutir, le papa répond vite : « Oui, papa va à son travail, papa a beaucoup, beaucoup de travail. »

La porte se referme en claquant, il regagne pesamment sa voiture ; le soleil couchant devait briller fort ce soir-là car il a les yeux humides.

Quel est l'impact de ces situations sur la vie professionnelle de tous ces pères devenus des sous-parents ? Point d'étude sur ce grave sujet de société. Pourtant, 350 000 ménages se séparent chaque année (source Ined), soit près de mille par jour, presque une séparation par minute !

À cette cadence, il n'est pas étonnant de voir dans les grosses agglomérations près de la moitié des enfants d'écoles primaires attendant à la sortie soit leur maman soit leur papa mais pas les deux. À Paris, 70 % des couples ne tiennent plus et statistiquement, un sur deux finira par se séparer. De ce fait, une partie croissante de la population masculine peine à accéder à ses enfants et les conséquences sur le moral et l'emploi, quoique inconnues, sont profondes.

En effet, sur dix papas venant le soir aux réunions, il y a toujours un, voire deux chômeurs ; cette constance reflète bien l'état des statistiques générales. Mais il y a toujours, aussi, des pères en difficulté dans leur travail, qui ont baissé les bras, qui dégringolent. Leur vie s'effondre, c'est l'avalanche, ils sont assommés, groggy, ils doivent se battre sur tous les fronts : affaires, dossiers, dates d'audiences, rendez-vous, avocats, enquêtes sociales, plaintes, etc. Alors l'activité professionnelle, forcément, en subit le contrecoup. L'attention baisse et la dépression guette, souvent. L'alcool aide mais le travail s'en ressent et les arrêts maladies se succèdent. Les Français sont les champions de la consommation de médicaments et, parfois, on surprend des échanges entre des papas comparant les mérites relatifs de tel ou tel tranquillisant qu'ils prennent à haute dose. Certains, au lieu de lever le pied, font l'inverse et compensent en se lançant à corps perdu dans leur travail, jusqu'à l'excès et c'est le burn-out. Mais le plus fréquemment, ils laissent peu à peu tout filer, se font licencier et vivotent de petits boulots. Combien de témoignages de ces commerçants dormant dans leur arrière-boutique après leur expulsion du domicile conjugal ? Et ces chefs d'entreprise ruinés par leur divorce et que l'on poursuit encore pour réclamer des arriérés de pensions alimentaires de leurs enfants de presque trente ans, éternels étudiants ? Quelque part, obscurément, ils ont leur revanche : le système qui les plombait de pensions alimentaires disproportionnées est en échec. Impossible à plumer : ils n'ont plus de plumes, et le RSA ne peut être ponctionné. S'ils retrouvent un petit emploi, la CAF peut exiger les arriérés de pension. C'est rédhibitoire. À n'en pas douter il existe une corrélation, même petite, entre l'augmentation du chômage et celle des séparations.

Le moral en prend un coup. Vous ne faites plus confiance au système judiciaire. Au fil des ans vos dossiers s'épaississent, s'éparpillent, font vivre bien des professions tandis qu'en apnée vous luttez d'une main pour voir vos enfants et de l'autre, vous vous battez pour ne pas trop vous faire plumer. Phénomène étrange d'ailleurs : le mot « justice » n'arrive plus à passer dans la bouche de ces papas-là ; serait-ce le préfixe « juste » qui les déroute tant ? Pour la plupart, ils finissent par l'appeler, faute de mieux, le « Système judiciaire ». Et le SJ c'est l'État, c'est la société en laquelle ils n'ont plus confiance.

À votre travail comment pouvez-vous sourire, être bienveillant et confiant en l'avenir avec une telle chape de soucis et d'injustice ? Ça transparaît inévitablement, même en prenant des psychotropes. Un homme qui ne peut plus accomplir sa fonction de père au sein de notre société est un homme forcément diminué.

Les conséquences, impossibles à mesurer, vont au-delà du travail et du chômage : c'est un malaise diffus au plus profond de notre civilisation et qui en ronge ses origines mêmes.

12. Le 25 décembre de cette année ne sera pas un samedi

« M. LANDROY bénéficiera d'un exceptionnel droit de visite le mardi 25 décembre 2012 à partir de 10h00 jusqu'à 18h00, à charge pour lui d'aller chercher l'enfant au domicile de la mère et de l'y ramener. »

L'année se termine. On approche de Noël et papa est content : 2012 sera une année bissextile, peut-être qu'ils seront un peu plus ensemble.

En attendant, ce samedi de novembre dans la voiture, Anatole déborde de questions sur le Père Noël et comme son papa a de l'imagination, la conversation va bon train. De temps en temps, le véhicule fait des embardées car le petit garçon pousse de grands cris émerveillés :

— Papa, les étoiles ! Les étoiles !

— Hein ? Quoi ? Où ça ?

Pas terrible, le papa qui ne voit même pas les brillantes décorations tout autour de la route pour annoncer l'arrivée du Père Noël !

Mais il sait comment ne pas se tromper de cadeau. Il a chuchoté à son petit bonhomme attentif qu'il savait où le Père Noël entreposait ses jouets avant la grande distribution. Il y a un grand magasin qui vend des vêtements mais au sous-sol, c'est plein de jouets, c'est sa réserve, son stock.

Et les voilà tous deux chez Tati, descendant l'escalier.

En découvrant les rayonnages surchargés, le petit bonhomme pousse des oh ! et des ah !

Anatole saisit un pistolet laser avant de se diriger vers des bulldozers, des cartons de robots… Il court partout, c'est trop de jouets à la fois. Puis en tenant un, il demande : « Papa, tu crois… tu crois qu'on peut acheter ? »

Ah ! Que j'aime ton petit visage où se mêlent l'inquiétude et l'espièglerie. Que j'aime à lire dans ton regard ta pensée toute ouverte : « C'est la réserve du Père Noël... Si on lui pique un jouet, est-ce qu'il le verra ? » Et je joue le jeu : moue dubitative, regard furtif à droite, à gauche, je fais semblant de réfléchir la main sur le menton puis, enfin, j'opine gravement de la tête : un papa ça ose !

Un grand oui, chouette, youpi en écho et les deux compères se mettent à farfouiller dans les rayonnages, en épiant de-ci de-là, des fois que le Père Noël se pointerait…

Un mois plus tard, juste avant Noël, les revoilà en voiture et passant près de la fameuse réserve du Père Noël ; on ne sait jamais : peut-être a-t-elle été réapprovisionnée ?

Tout en conduisant le papa songe au château, à quelques kilomètres au-delà du magasin de jouets… Il signale à son petit lutin, impatient d'aller fureter dans ce trésor caché, que le grand palais des sorcières n'est pas loin.

Tout heureux du bon moment qui les attendait tous les deux, le papa allait mettre son clignotant pour prendre l'embranchement du magasin quand il s'entendit dire : « Alors, hein ! Tu veux voir la réserve du Père Noël ou aller au palais des sorcières ?»

Mais bon sang, pourquoi lui avoir posé cette question ? Parce que moi, entre des rayonnages pleins de nouveaux jouets rutilants et une triste bâtisse administrative, eh bien ça ne faisait pas un pli, sûr, certain : le trésor !

Mais une petite voix résignée lui murmura : Papa, je veux voir le château de la sorcière.

Et là, ça lui fit mal car en un éclair il comprit que le plus beau des cadeaux, c'était son papa. Et il en fut si ému que la voiture cala. Il se fit klaxonner, redémarra : tant pis, on y va, à contrecœur…

Ce samedi-là, sous un ciel nuageux ils auront fait le tour d'un grand édifice de béton. Main dans la main, le petit garçon, la tête levée, les sourcils froncés, tentera d'apercevoir, à travers les hautes vitres neutres et grises, les hideuses sorcières. Puis tous les deux, vite, rebrousseront chemin et redescendront, complices, leurs sourires retrouvés au sous-sol de la réserve secrète du Père Noël.

Pendant la période de Noël, ce que papa déteste le plus, c'est le calendrier de l'avent que son fils lui ramène chaque année, triomphant, du rayon des chocolats. L'année dernière, il n'en a cassé que deux carreaux. Cette année, c'est pareil et même pire : le jour de Noël ne tombe pas un samedi. Que faire ? Laisser les cadeaux sous le sapin jusqu'en janvier ? Alors, devant toutes ces cases du calendrier de l'avent qui n'étaient pas à lui

12. Le 25 décembre de cette année ne sera pas un samedi

le papa s'est mis en colère. Il a écrit à la JAF de l'époque avec en copie toutes les instances de la république, du président aux ministres, des préfets aux médias, etc. Une cinquantaine de lettres et, et… miracle ! Ça a marché ! C'est qu'il est rusé, le papa. Il s'est déclaré fervent catholique et le jour de Noël, pour lui, c'est sacré. Une résurgence religieuse de quelque part, peut-être ? Car il a reçu, surpris (mais moins que son avocat qui n'avait jamais vu ça) une lettre avec papier à en-tête du grand château. On lui tolérait de passer le mardi 25 décembre 2012 de dix à dix-huit heures avec son fils. Il a remercié le petit Jésus et, philosophe, a conclu que la religion ça servait encore.

La maman, à qui il avait quémandé le jour de Noël, exigea la lettre. Il la lui envoya et elle s'exécuta immédiatement : elle respectait scrupuleusement tout ordre émanant du château.

Ce 25 décembre fut merveilleux. En effet, le Père Noël n'avait pas manqué de passer et la maison retentit tout l'après-midi du vacarme des pistolets lasers. Revers de la médaille : son petit bonhomme en fut perturbé. En effet, puisqu'ils avaient été pour la première fois ensemble entre deux samedis, son fiston attendit en vain des visites plus rapprochées de son papa. Il faudrait que le petit Jésus naisse plus souvent…

13. Les papas grue

« L'enfant réside habituellement chez la mère. »

« Papa, la montagne : ta maman ! La montagne : ta maman ! » Tout autour du rond-point du carrefour Pompadour – ce qu'Anatole et son père appelaient « rompouiner » dans leur langage – à Créteil, le papa aperçoit la butte, petite colline verte que son fils plein de joie lui montre du doigt en criant. Mais que veut-il dire ? Et d'un seul coup, il comprend : chaque fois que le petit l'interrogeait sur sa mamie (qu'il n'a jamais vue), il lui racontait qu'elle habitait très loin, dans les montagnes...

Pourquoi un enfant de bientôt cinq ans ne connaît-il pas sa grand-mère ? Parce qu'avec une garde d'un samedi après-midi sur deux, essayez donc de faire un aller-retour dans les Alpes pour fièrement présenter votre fils à votre mère !

Ces « gardes » devaient être revues. Mais les reports, les courriers égarés, les vacances judiciaires et le turnover trop élevé de ces dames-juges font que depuis deux ans, la demande se dilue dans l'énorme administration.

La toute dernière JAF, devant les relances incessantes du père pour l'extension de sa garde, lui a déclaré au détour d'un couloir « Monsieur, il faut savoir gérer les priorités ». Celle-ci suit méticuleusement toutes les procédures et a demandé des documents annexes ; les papiers passent avant la paternité. « Mais Madame », répéta le père comme rabâché depuis des années : « et mon dimanche ? Samedi ET dimanche ! »

Ce qu'il ne pourra jamais comprendre, c'est que le mot « paternité » ne rencontre aucun écho dans ces immenses citadelles fourmillantes de femmes affairées. Il n'est qu'un dossier géré avec désinvolture et que, après rappel des procédures, on se repasse au gré des promotions internes.

Seulement, Mesdames les juges, ce n'est pas d'un dossier de carrière ou de logement qu'il s'agit : mon fils grandit, les années passent, et nos mains se tendent et se tordent de douleur de ne pouvoir se rejoindre.

À côté de son lit, bientôt trop petit et dans lequel il n'aura jamais dormi, l'attend une pile de livres pour enfants qui se couvrent de poussière.

Son papa aimerait tant lui raconter une de ces histoires, le soir, et plonger dans les yeux d'un enfant que le merveilleux fait pétiller !

Ce sont-là de rares instants – à jamais manqués – qui vous récompensent de la vie. Car le bonheur n'est qu'un mot, contraction de ces « bonnes heures »-là.

Faut-il, comme tant de papas, faire la grève de la faim devant vos palais pour qu'un enfant découvre enfin qu'il a une grand-mère ?

Alors Mesdames les juges, faut-il monter, comme ces nouveaux papas, sur des grues pour avoir dans la vie de ces moments-là ?

Ce soir-là, la réunion à l'association ne fut pas le concert de lamentations habituel : dans l'après-midi, la rumeur évoquait un papa perché sur une grue à Nantes. Arrivé en avance au local, il eut du mal à trouver une place parmi la trentaine de papas déjà présents. L'animateur est fébrile et la sonnerie du téléphone est comme un flot continu de messages morse. L'omerta sur le triste sort des papas est brisée : la télévision en parle, enfin. Et les pères continuent d'affluer, il n'y a plus de chaise disponible, ils se pressent les uns contre les autres, debout jusqu'au fond de la salle et même dans le couloir !

Soirée exceptionnelle et terrible. Tous ces pères pleins d'espoir, combien sont-ils au juste ? L'animateur peine à les compter. Une bonne cinquantaine, quadragénaires pour la plupart qui veulent tous raconter eux aussi leur tragique histoire.

Le papa songea aux cours des heures qui suivront à ces cinquante histoires de ces cinquante papas racontant dix ans, vingt ans de leur vie… Il fera la multiplication : près d'un millénaire d'histoires d'hommes répudiés, ça vous rend plus solidaires, ça change l'ambiance…

Les heures s'écouleront vite dans cette atmosphère de petite révolution. Chacun y ira de son idée dans une profonde et complice unité. Les uns diront qu'ils ont repéré des grues sur un chantier tandis que d'autres, plus pragmatiques, rétorqueront que le froid glacial, l'obscurité et le vent de février feront plus d'enfants orphelins que de pères enfin écoutés.

L'étalage de ce millénaire de vie de papas tentant d'avoir accès à leurs enfants lui fit profondément prendre conscience que si, passé minuit, ils en étaient à échafauder de tels projets complètement fous, c'était que notre société ne tournait vraiment plus rond.

Ce soir-là, en rentrant au milieu de la nuit, il attendit longtemps le dernier bus. Lorsqu'il arriva enfin, il le vit, tel l'insolent messager d'un nouveau temps, recouvert, à l'arrière et sur les côtés, de publicités d'un site « Pensé par des femmes pour des femmes : Gleeden.com », dont le slogan claironnait en toutes lettres : « Soyez fidèles à l'infidélité. » Coïncidence terrible car un des papas présents à cette mémorable soirée avait décrit les méfaits de ces sites de rencontres. Trompé, il avait voulu divorcer ; la sanction automatique était tombée : « Madame la maison, Monsieur la pension ». Il avait perdu ses enfants et ne comprenait plus rien.

Somnolant dans le ronronnement de ce dernier bus placardé de slogans d'un juteux business anti-famille, il repensait à l'atmosphère étrange de cette soirée ; un espoir était né, une prise de conscience amorcée, une petite révolution commencée. En son for intérieur, il espérait comme des milliers d'autres un grand débat national sur les légions d'enfants privés de leur père.

Avant ce perçage médiatique du premier « papa grue », il y avait eu bien des grèves de la faim, bien des pères qui s'enchaînaient aux grilles des palais de justice mais cela restait cantonné au niveau de la presse locale. Depuis, l'exemple enfin visible montré, beaucoup l'ont suivi. Il y a eu toutes les variantes possibles : sur des arbres, des ponts, des églises, des cathédrales, des beffrois, des monuments et sites historiques dans toutes les régions de France. Une association avait eu l'idée de collecter et d'imprimer ses manifestations. Édifiant : plus d'une centaine de photos de pères perchés avec leur banderoles reprenant le slogan du premier « Sauvons nos enfants de la justice », mais aussi des « ON VEUT NOS GAMINS ! » frappés au coin du bon sens, des « RENDEZ-NOUS NOS GOSSES, NOS MIOCHES ! », etc.

La liste s'allonge sans cesse mais hélas, tout phénomène qui se répète se banalise et c'est devenu un événement presque normal, ne donnant lieu qu'à un entrefilet dans la presse, au mieux régionale. Notre monde manque d'empathie, il ne peut comprendre que ces papas, c'est le désespoir qui les motive ; les associations d'aide aux pères arrivent après coup et les soutiennent. Ils n'en sont même pas adhérents, ils n'ont aucune coordination, ce sont des actes isolés. Un papa n'en peut plus, craque et monte quelque part ; un autre l'apprend quelque temps plus tard et le rejoint. Ils sont deux puis trois, parfois une demi-douzaine, persuadés que la France entière les écoute parce qu'ils ont eu leur article dans la presse locale…

Si des centaines de pères s'étaient concertés pour monter tous le même jour dans toute la France sur des édifices visibles et ciblés, on parlerait de ce pays comme celui des « papas grue ». Hélas, tous ces actes de désespoir sont individuels et non reliés.

Le premier à oser avait pris au pied de la lettre le fameux slogan de la ministre de la Justice qui, dans un autre combat (c'était pour le mariage pour tous), n'avait cessé de marteler « L'égalité n'est pas négociable ».

Sûr de son droit puisque l'exemple venait d'en haut, il persista à ne pas rendre son fils. Il fallait être patient. Or il était connu et en abusa : de nombreuses fois, il garda son fils. Certes, il fit ce que de nombreuses mères font, mais en devenant en quelque sorte l'emblème des pères, il aurait dû, au contraire, se montrer exemplaire. Tous les papas, au fond, reconnaissent qu'ils lui sont redevables : grâce à lui, leur sort est enfin connu mais ils regrettent sa conduite. Notoriété et exemplarité vont difficilement de pair et c'est bien dommage.

Aujourd'hui, il alterne les périodes de prison et de liberté car moins il voit son fils, plus il veut rattraper le temps perdu et, donc, retourne à la case prison. Cercle vicieux logique mais bien triste, surtout pour son fils.

Si des pères en arrivent à ces extrémités-là, ce n'est pas, contrairement à ce que prétendent les innombrables quolibets des forums internet, parce qu'ils aiment bien l'escalade ou qu'ils veulent devenir grutiers, c'est parce qu'ils n'en peuvent plus de ne plus voir leur enfant.

Souvent, par souci de neutralité sans doute, la presse singularise chaque cas, mais elle occulte parfois les dysfonctionnements et partis pris du système judiciaire pour ne zoomer que sur le bonhomme devenu visible. Et les articles s'ensuivront vite : on dira de celui-ci qu'il est un vadrouilleur, l'autre un éternel chômeur, celui-là un grossier irresponsable, un cas pathologique, etc. Ainsi, on évite le malaise général : c'est encore un mauvais père ou s'il y en a trop, bien sûr, ce sera un complot de ces pères revanchards et patriarcaux… Pareille incompréhension de leur situation est très mal vécue par ces milliers de pères.

Souvent, le papa d'Anatole s'est arrêté devant des grues en les examinant longuement. Comment monter dessus et crapahuter jusqu'au sommet ? C'est qu'il en faut, du courage ! Lui, ce courage, il ne l'a pas, il est un couard plein d'admiration pour ces pères qui ont osé.

Sa grue à lui, elle sera de papier : ce sera un livre. Sur la première grue, le slogan, depuis souvent repris, était « SAUVONS NOS ENFANTS DE LA JUSTICE ». C'est court et peu explicite. Avec un livre et même si c'est moins visible, on peut expliquer ce slogan. À qui appartiennent nos enfants ? « Pas à ses parents », nous révèle la nouvelle ministre chargée de la famille dans un lapsus révélateur. Mais oui, elle a parfaitement raison : en cas de séparation, nos enfants ne nous appartiennent plus. L'interface qui nous les arrache se nomme « Justice » et impossible de les en sauver.

L'histoire de ce papa est connue et ancienne : lors de sa séparation, il s'est rendu au palais de justice où on lui remit une simple feuille photocopiée avec des cases à cocher : demi-journée, week-end, mercredi soir, etc. Ce papa s'est alors mis à pleurer et quand on lui demanda pourquoi, il répondit que l'amour pour ses enfants était trop grand pour se mettre dans ces petites cases. Hélas, il n'y aura jamais de boîte à cocher « SAUVONS NOS ENFANTS DE LA JUSTICE ».

14. Du « bon père de famille » au mauvais père sans famille

« Madame XXX épouse LANDROY demande que l'exercice de l'autorité parentale lui soit confiée à titre exclusif. »

Les associations de pères ont émergé dans les années 70. C'était l'époque où tout le monde voulait être totalement libre et où l'autorité était à bannir. Un des symboles de cette autorité, c'était le Code civil, lequel référait au « chef de famille ». On en extirpa donc toutes les occurrences, puis on le trouva bien vide. Il fallait quand même mettre quelque chose, mais quoi ? On s'accorda sur le terme fourre-tout d'« autorité parentale » : c'était commode, on verrait par la suite…

On avait tellement sabré dans le Code qu'il ne restait plus grand-chose aux pères. Ceux-ci ne s'en rendaient pas compte. Pourtant ils étaient de plus en plus en union libre et donc n'avaient pas l'autorité parentale (pour cela, il fallait être marié). Ces pères de famille qui ignoraient qu'ils ne l'étaient pas sur le papier vivaient tranquillement leur petite vie. Et en cas de séparation, c'était comme sauter d'un avion mais, à l'époque, l'éjection se faisait sans parachute : aucun droit, le choc de la révélation !

Les associations d'alors réclamèrent le minimum syndical. Vingt ans de combats pour récupérer ce minimum vital : c'est dire combien ce complet bouleversement du Code Civil, tel un balancier trop longtemps d'un côté, avait basculé à l'autre extrémité !

En 1969, le drame de Cestas, village bordelais, aurait dû réveiller les consciences. C'était l'un des tout premiers carnages familiaux.

Rappelons brièvement l'histoire. Un papa qui aime la campagne, une maman qui préfère la ville. La voilà séparée et, avec ses enfants, devenue citadine. Le papa campagnard n'accepte pas le verdict du nouveau système judiciaire. Ses enfants s'épanouissent à la ferme, c'est un terrain de jeu idéal. Alors ils vont jouer à Fort Chabrol, ils font des provisions et la maman ne voit personne revenir. Elle se rend chez les petits bleus avec son papier du système, leur pose sous le nez, pointe la phrase lui donnant ses enfants, « avec usage de la force publique s'il le faut », et leur donne l'ordre : exécutez !

À l'époque, le déséquilibre entre les deux parties était en train de se mettre en place et comme on divorçait dix fois moins qu'aujourd'hui, le marché des professions liées à la séparation était pratiquement inexistant : point de médiateur, d'assistante sociale, de psychologue, etc. Les petits bleus, pas loin de la guerre d'Algérie, avaient des surplus de véhicules blindés légers. Ils se rendirent donc à la ferme, un peu comme plus tard la CIA encerclera Ben Laden. Hormis les hélicoptères, tout l'armement lourd y passait.

Après des semaines de siège, le lieu de fermage finit par être entouré d'une cohorte de journalistes. Ce fut le premier et dernier assaut médiatisé d'un père de famille devenu forcené. Pourtant, celui-ci ne cessait de prévenir : « Si vous entrez de force, vous ne trouverez personne de vivant ! » Lui obtus, imbu d'une ère patriarcale à l'agonie, voyait sinon revenir sa femme pour élever les enfants, du moins un partage équitable du temps. Mais elle, avec son papier dont une phrase la nommait « générale de la petite troupe blindée », ça ne pouvait que mal se terminer. On retrouva quatre morts : le père, les deux enfants et un gendarme qui laissa sa peau dans l'assaut. À l'époque, certaines personnes autorisées émirent des doutes sur le nouveau système judiciaire. Vu le carnage prévisible, cette phrase, celle qui a tout déclenché – « avec usage de la force publique s'il le faut » – était-elle adaptée à une telle situation privée ? Les enfants n'étaient pas menacés. Sans cet ordre, le temps passant, l'un et l'autre auraient fini par céder, par communiquer. Il eût suffi de patienter, point de journalistes ni d'armada blindés, au plus un conseiller conjugal voire un gendarme négociateur, enfin quelqu'un attendant qu'ils surmontent leur situation de perdant-perdant... Oui, mais cette phrase, c'est la phrase clef, elle n'eût pas été mécaniquement appliquée à cette époque-là que, jurisprudence oblige, notre monde en serait tout autre. En effet elle dit que, puisque dorénavant, « les enfants reviennent naturellement à la mère », l'État ne reculera en rien pour cela, quel que soit le nombre de victimes. C'est la clef de voûte de notre civilisation d'aujourd'hui.

Et en effet, on est passé d'un « Cestas » par an à un par mois, puis aujourd'hui à un par semaine ; demain, si on en arrive à un par jour, d'autres voix s'élèveront peut-être. Est-ce bien raisonnable ?

Les carnages se sont eux aussi banalisés et vu leur cadence, ils n'ont plus le temps de faire la « une »... On ne s'interroge plus sur les raisons, on déplore les conséquences.

Les associations de pères ont connu leur âge d'or vers la fin du XXe siècle. Elles avaient alors leur « général de Gaulle », qui ne mâchait pas ses mots envers le système : raciste envers les pères, politique anti-pères, etc. Étonnamment, ce langage qui aujourd'hui ne passerait plus, fit son effet. Les pères purent obtenir que la RE soit inscrite dans les textes de loi. C'était peu mais ce petit rapport de forces avait fait bouger les lignes : on pouvait désormais l'envisager, puisque c'était écrit.

Depuis, les « général de Gaulle » ont disparu, et comme pour notre république, leur ont succédé des présidents qui, à défaut de mission sacrée, tentent de gérer le quotidien.

Il faut dire que faire changer une loi, c'est un travail ingrat et de longue haleine, une décennie d'intense lobbying pour bien peu, puis une décennie pour que cette loi soit digérée par un système judiciaire toujours réfractaire au changement avant d'être, par nouvelle habitude, enfin appliquée. Tandis que le quotidien, lui, est exigeant.

Les quelques grandes associations pour la cause des pères se sont donc éparpillées et bon nombre de nouvelles se sont créées. On aura tort de s'en réjouir, c'est mauvais signe. Actuellement, chaque mois, une nouvelle voit le jour ; cela signifie que les pères perdent du terrain, sans compter que plus il y en a, plus leurs orientations diffèrent et que comme pour les syndicats, les rivalités remplacent la solidarité.

En effet, chaque nouvelle association doit faire face à un choix dramatique. Comme le disait un responsable politique, « les lois sont mal faites certes, mais vous êtes là pour panser les plaies, non ? » Et c'est bien là le dilemme : soit on se lance dans un lobbying forcené avec troupes fraîches et recherche de subventions (sans céder à l'indépendance), soit on se parachute sur le terrain et on aide les pères en détresse. On trouve un logement à ceux qui dorment dans leur voiture, on rend visite aux papas en prison en emmenant leurs enfants, on les aide à rédiger leur dossier. En échange de tous ces services, on peut donner un coup de fil à la procureure locale afin de lui rappeler que tel papa ne voit plus ses petits depuis un an. Madame ne les lui présente plus. Et le dossier passe au-dessus de la pile...

Le terrain miné du quotidien ou les lois dans un futur lointain ? Tel est le dilemme des associations, qui alternent entre ces deux activités sans parvenir à se fédérer. À ce titre, être convié à la naissance de l'une d'entre elles en dit long sur la mentalité des hommes. Une fois les statuts définis, la réunion se poursuit par l'élection du président. Un problème surgit : trois des quatre papas présents briguent le poste. Le quatrième, pour ne pas être en reste et pour sortir de la crise, finalement déclare qu'il veut aussi être président. Tout le monde tombe immédiatement d'accord : nous serons tous présidents. L'association, bien sûr, en est restée là, ce qui est dommage : ils avaient fini par lui trouver un bien joli nom...

Avouons-le : nous sommes responsables de notre situation et nous méritons notre sort. Les derniers papas qui surgissent à l'association tout affolés nous confient ceci : ils ont vu le premier gars sur la grue. Ça les avait intrigués, voire amusés. À l'époque, ils n'avaient pas encore été eux-mêmes « éjectés ». Aujourd'hui, ils arrivent paniqués : ils viennent enfin de réaliser.

En effet, que c'est difficile de réunir les pères toujours plus solitaires que solidaires ! Pour imager la scène, ce serait comme si nous étions tous assis dans un Airbus A380 mais avec des centaines de milliers de places, chacun sur son siège éjectable. Quand un papa soudain éjecté traverse le fuselage en criant à l'aide, son entourage le regarde en fronçant les sourcils. On s'en gausserait presque. Puis au suivant, même réaction. À ce rythme, tous les pères sont bientôt éjectés, il n'en reste que deux, chacun faisant ses commentaires peu amènes sur le dernier hurluberlu qui vient de sauter. Quand il n'en reste plus qu'un, ce dernier, n'ayant plus personne avec qui palabrer, est bien obligé de prendre conscience de sa situation…

Le trait est à peine forcé : la moitié des pères « tranquilles » qui lisent ce livre auront « sauté » dans dix ans car statistiquement, plus de la moitié des couples se séparent. Et comment pourraient-ils fédérer les mouvements disparates des pères puisque chacun, post-éjection, se retrouve en totale apnée dans sa propre tragédie, tentant d'en sauver quelques meubles. S'engager dans des luttes supplémentaires pour manifester et se battre pour que d'autres pères bénéficient un lointain jour des droits acquis de ses efforts n'est pas sa priorité. Au surplus, descendre dans la rue ce jour-là, c'est impossible : c'est le jour où il aura ses enfants...

Oui, il est très difficile de rassembler les pères.

Par contre, en face on est beaucoup plus solidaire et c'est facile à comprendre. Il ne s'agit pas de gagner des droits mais de ne pas perdre ceux acquis. C'est hautement plus fédérateur et la guerre des mots fait rage.

Ainsi dira-t-on de pères en grève de la faim devant un palais de justice ou montant sur un édifice ou encore faisant un sitting réclamant leur RE perdue qu'ils sont masculinistes. Comment se relever d'une telle accusation ? Il y a de ces mots-singes qui, s'ils vous grimpent sur l'épaule, vous étiquetteront épouvantablement et sans retour.

Pauvres papas-perchés ! Fallait-il leur lancer la pierre parce qu'ils ne sont pas tous exemplaires ? En tout état de cause, ils ne sont que l'arbre qui cache la forêt de tous les pères qui renoncent à « grimper ». Car l'air de rien, il faut un sacré courage.

Hélas, point de « général de Gaulle » fédérateur à l'horizon pour les multiples associations : c'est fini, il n'y en avait qu'un. Et pourtant nous en aurions tant besoin, l'horizon s'assombrit constamment ; tandis que chacun se recroqueville sur ses petits droits, la nouvelle loi famille les fait fondre comme neige au soleil, paradoxalement avec les meilleures intentions.

Le bénévolat de ces disparates et artisanales associations d'aides aux pères ne suffit pas. Beaucoup de pères expulsés dorment dans leur voiture. C'est une femme, responsable d'une association d'aide aux femmes qui, nous envoyant des papas paumés nous fit cette réflexion. Alors que les associations féminines foisonnent et sont massivement subventionnées (des centaines de millions d'euros pour l'égalité homme-femme), les structures d'accueil pour les pères sont quasi inexistantes. Elle nous disait cela, la brave dame, entre deux papas qu'elle avait ramenés et qui, transis de froid et ne sachant où aller, espéraient des petites associations de pères bénévoles la même logistique que pour leurs compagnes. Malheureusement, point de SOS-papa-à-la-rue ni SOS-père-de-famille-expulsé et cela manque cruellement. Un ancien rapport de la fondation Abbé Pierre le souligne sans langue de bois : en cas de séparation, le plus mal loti c'est le père de famille des grandes agglomérations. Sauf bon revenu, c'est trop souvent la double peine : expulsé, il ne peut revoir ses enfants que s'il a un logement adéquat et les prix en Région parisienne le lui interdisent. D'ailleurs, le tout dernier rapport de l'Insee le confirme : la RE, c'est pour les riches.

Beaucoup de papas sont fermement convaincus par la propagande de l'égalité homme-femme. L'un d'entre eux, plus naïf que les autres, nous demanda pourquoi il tombait toujours sur une page d'erreur quand il entrait le site web :

« www.hommes.gouv.fr ». En effet, en cherchant de l'aide, il était tombé sur le site : « www.femmes.gouv.fr », du ministère des droits d'un seul sexe. Somptueux site, super ministère, d'un budget de 25 millions d'euros, avec ses 500 correspondantes dans toute la France et ce papa, féru d'égalité, recherchait désespérément le site symétrique. Piqués au vif, nous vérifions, et en effet une page d'erreur s'affiche : il n'y a rien pour les hommes ! Ce soir-là, l'un des papas déclarera tristement : « C'est pas la page qui est une erreur, c'est l'homme. »

Deux cents millions d'euros de nos impôts sont consacrés par an à l'égalité femme-homme. Si cette égalité était égale, nous aurions cent millions pour les femmes et cent millions pour les hommes qui eux aussi auraient alors leur site web et non une page d'erreur. Qui plus est, elles permettraient de financer les structures d'accueil qui leur manquent cruellement.

Plus inquiétant est l'échec d'un papa dans sa démarche pour faire respecter l'égalité. Celui-ci, ulcéré par les sites féminins poussant à l'infidélité et en ayant certainement subi les conséquences, écrivit une belle lettre à la présidente du HCEfh (le Haut Conseil à l'égalité femme-homme), pour déposer plainte contre ces sites toxiques. Il argumenta bien, ce papa, prenant exemple sur l'action immédiate du HCE qui avait lourdement sanctionné un opérateur téléphonique pour son maladroit slogan : « Téléchargez plus vite que votre femme ne change d'avis. » Il avait démontré que, eu égard à cette plainte reçue et appliquée, la sienne abaissait bien plus l'homme, avec photo jointe de l'affichage d'un homme tombant dans un Caddie du site « www.adopteunmec.com ». Nous ne sommes pas un vulgaire produit, Mme la présidente, agissez ! » Malgré ses nombreuses lettres envoyées en recommandé, il n'obtint jamais de réponse.

Que signifie ce silence de la présidente du HCE ?

Que l'égalité étatisée et partout réclamée n'est pas la même que celle des naïfs papas venant la chercher au sein des associations de bénévoles. Puisque cette présidente se mure dans le silence, répondons à sa place : « Cher monsieur, j'ai bien reçu votre dépôt de plainte contre les sociétés X et Y... Toutefois, vous n'avez pas encore saisi ce qu'est notre égalité. En effet, nous l'avons déjà en droit et en «nature», puisque c'est nous qui vous faisons. Nous sommes la puissance naturelle, c'est ainsi. Et votre paternité dépend en dernier ressort de notre bon vouloir, comme ne cesse de le répéter depuis des décennies Mme Évelyne Sullerot [4]. Donc nous avons, nous, déjà la première moitié, la puissance naturelle, et nous exigeons l'autre moitié, c'est-à-dire la puissance civile. Bref, toutes les prérogatives des hommes, c'est-à-dire au moins la moitié de l'autre moitié, et savez-vous que non seulement nous y sommes arrivés mais que nous l'avons dépassée, d'où ces abus que vous révélez ? Donc, cher monsieur, notre arithmétique égalitaire est simple : notre moitié (soit 50 %) plus la moitié de votre moitié (soit 25 %) pour nous. Vous comprendrez donc qu'avec nos 75 % de droits nous ne nous donnions pas la peine de vous répondre. Au revoir monsieur. »

En effet, Mme la présidente du Haut Conseil à l'égalité ne pouvait pas écrire cela, d'où son silence qu'il faut espérer plus embarrassé qu'ironique.

---

4. Évelyne Sullerot est l'auteure de *Quels pères, quels fils*, où elle fustige la dégradation de la condition paternelle qu'elle analyse tout en apportant ses remèdes. Féministe notoire, cofondatrice du Planning familial, ses prises de position en faveur des pères lui vaudront les inimitiés de ses anciennes compagnes de route féministes.

15. Dans l'Intérêt supérieur de l'enfant ?

« Rappelle que l'autorité parentale est un ensemble de droits et devoirs ayant pour finalité l'intérêt de l'enfant.»

Un samedi, Anatole sur ses épaules, le papa marchait allègrement quand tout à coup, il entendit la petite voix cristalline lui poser cette terrible question : « Papa, pourquoi les papas ça sert à rien ? »

Ah ! Il aurait bien voulu répondre que les papas ça sert ! Oh que oui !

Mais quand vous avez votre fils le samedi après-midi toutes les deux semaines et cela depuis des années, que répondre ?

Souvent, après l'avoir ramené à dix-huit heures, il revenait ranger les jouets éparpillés dans sa chambre. Il s'asseyait ensuite sur son lit, devenu depuis trop petit ; perplexe, il essayait en vain de comprendre.

Depuis début 2011, il l'avait pourtant, sa chambre : des photos, témoignages, documents, etc., attestant que toutes les conditions sont réunies pour le père.

Mais les années passent et son lit, son vélo, tout devient trop petit. Pensez : en cumulant les six ou sept heures de ses deux après-midi par mois, il avait son fils huit jours entiers : comment être père ? Ceux tolérés à plein temps dans cet heureux état peuvent-ils lui répondre ?

Pauvre papa confiant en la civilisation et qui ne comprend pas que dans ce monde marchandisé l'enfant est un produit comme un autre et qu'on lui loue son propre fils !

Et assis sur le petit lit de son fils, le papa d'Anatole souffrait en silence, songeant aux dames-juges qui changent si souvent qu'il ne se donnait plus la peine de retenir leur nom. Le point commun à toutes ces femmes ? Une indifférence tranquille à la douleur des pères. Et puis en rangeant ses courriers et échanges avec les institutions judiciaires, il fut bien forcé de constater que tous ces documents – des centaines – étaient signés par des femmes et tous ses contacts téléphoniques l'avaient été avec des interlocutrices.

Un quasi-monopole féminin, puisque 90 % des JAF sont des femmes. Comme si le tribunal des prud'hommes avait 90 % de représentants patronaux et 10 % du personnel et que l'on avait dit au justiciable « Ayez confiance : dès qu'ils mettent leur casquette de juge, ils deviennent neutres… »

Pourquoi ne tenait-on aucun compte de la souffrance de l'enfant alors que tous les textes juridico-administratifs étaient truffés du fameux « DISE » : « Dans l'Intérêt supérieur de l'enfant » ?

Le besoin fondamental de l'enfant, c'est d'avoir un laps de temps suffisant avec un référent masculin et un féminin pour se consolider à travers leur différence. Cette pré-fondation est si simple et si évidente que trouver un cas d'enfant qui ait « mal tourné » tout en ayant ces deux solides piliers est une gageure. Par contre, nos meurtriers les plus fous, ceux qui ont fait la

« une » des médias et qui restent imprimés dans nos mémoires n'ont pas eu de père – ou pas eu de relation avec leur père. Et c'est universel, le tueur norvégien n'y échappe pas. Les statistiques sur nos pénitenciers montrent que la moitié des peines sont de courtes peines (inférieures ou égales à cinq ans) et que la majorité des détenus de cette catégorie sont issus de familles dites mono-éducantes.

Inversons ce raisonnement : avec actuellement nos 20 % de familles mono-éducantes [5], nous sommes donc assurés qu'elles fourniront au moins le quart de tous nos détenus. Et vu leur croissance, il est urgent d'anticiper la construction de nouvelles prisons, lesquelles sont d'ores et déjà planifiées.

Pour ne plus en construire mais au contraire les vider, l'antidote coule de source : au lieu de plébisciter la famille mono-éducante, il faut l'éviter à tout prix. Mais le chantier est immense, les obstacles sont multiples, car il faudrait changer profondément nos mentalités pour en recueillir les fruits dans les prochaines décennies. En attendant, l'augmentation toujours croissante de ces familles mono-éducantes pousse nos prisons à saturation et il était urgent de relâcher la pression. Ce fut fait par une circulaire de la ministre de la Justice, qui en résumé stipulait que prisons saturées = moins de nouveaux prisonniers. Ce remède tout trouvé, lui, à l'avantage d'être immédiatement opérationnel, comme le prouvèrent deux jeunes délinquants qui, ayant été conduits au pénitencier par les gendarmes pour y faire leurs quelques mois de courtes peines, en ressortirent en leur faisant un bras d'honneur : la prison était pleine, l'ordre de la circulaire avait été exécuté. Le capitaine de cette gendarmerie locale rendit publique une lettre où, dans les termes les plus polis, tout en s'excusant de sortir de

5. Source Ined.

sa réserve, il fit part du désarroi grandissant dans son métier. Espérons qu'il n'en fut pas sanctionné.

Il faudra patienter jusqu'à 2016 voire 2017 pour qu'avec du béton et de l'acier, nous puissions cantonner l'irréversible montée des familles mono-éducantes. Alors d'immenses infrastructures ouvriront leurs portes pour « accueillir » ce flot sans cesse croissant de nos enfants en manque de père. Pharaonique projet visant les 100 000 détenus, que d'emplois créés pour sa construction et sa maintenance !

Pourquoi cette croissance sans fin des familles mono-éducantes ? Pour créer de nouveaux emplois de gardiens de prison ? Non, c'est là une conséquence.

Tous les papas finissent par tourner autour de cette sacro-sainte question du DISE, car à la fin de nombreuses réunions, après avoir entendu de terribles récits où l'enfant ballotté, manipulé, blessé psychiquement voire physiquement ou, pire, placé, les pères se regardent avec effarement. Puis l'un d'entre eux brandit son papier du système en pointant l'inévitable phrase : « dans l'Intérêt supérieur de l'enfant » et de poser la question : « Mais il est où, l'intérêt de l'enfant dans tout ça ? »

Un soir, un papa qui avait reçu on ne sait pourquoi son jugement en pièce jointe au format Word et qui n'arrivait pas à le comprendre eut l'idée de faire un « Remplacer » de toutes les occurrences « dans l'Intérêt supérieur de l'enfant » par « pour le standing de Madame ». Il nous avoua qu'en relisant son jugement, ce dernier lui était soudain devenu limpide. L'animateur de la soirée, embarrassé, lui répondit qu'il ne fallait pas que ça s'ébruite (toutes les associations de pères tremblent d'être taxées de misogynie) mais il avoua qu'en effet, ça aidait à mieux comprendre ces textes-là.

L'intérêt supérieur de l'enfant et le standing de Madame semblent pour beaucoup de pères indissociables. Madame veut plus de standing et Monsieur davantage les enfants. Que de conflits engendrés par ces deux exigences contradictoires, que de désaccords, de luttes sans merci, transformant les papas en papas-papiers, tant le système leur oppose d'obstacles juridico-administratifs et de services ou d'interlocuteurs contradictoires ! Ces autres professions qui vivent du marché de la séparation sont devenues nombreuses. Bien entendu, c'est toujours dans l'intérêt supérieur de l'enfant, ces professionnels n'y peuvent rien : c'est le couple qui se déchire, eux ne sont là que pour panser les plaies ; bien sûr, personne n'en douterait…

Il y a tant de dossiers autour desquels gravitent d'innombrables protagonistes rétribués qu'en enlevant tout affect et en ayant une vision de pur économiste, force est de reconnaître que c'est là un gros marché. Au surplus, ce marché du conflit de la séparation est en expansion continue depuis les années 70, et comme tout marché, il atteindra sa saturation, à moins de nouveaux débouchés. La multi-parentalité, le mariage pour tous, les familles multi-recomposées sont, et sans jugement moral aucun, des filons bien prometteurs…

L'Intérêt supérieur de l'enfant et l'économie vont si bien ensemble que le fameux « DISE » est à rebaptisé en « Dans l'intérêt supérieur de l'économie ». Nul complot en ce véritable « DISE », mais nul n'échappe ni à la gravité ni à l'économie, alors oui, l'enfant en fait bel et bien partie.

Ce samedi soir, le papa a déposé son « turlutin » qui n'a pas osé lui faire son bisou car ils étaient trop près de la maison. De sa petite voix d'enfant il lui a demandé le « chèque », qu'il sait faire plaisir à sa maman. C'est son cadeau d'excuse pour

15. Dans l'intérêt supérieur de l'enfant ?

son après-midi d'absence. Et son papa, tout à ses réflexions sur le méchant que son petit bonhomme recherche en vain, celui qui le prive de son papa, ne sait comment le lui dire. Car il l'a enfin entrevu, le plus grand des méchants, mais celui-ci est d'une neutralité toute bienveillante : l'économie !

Et le papa regarde son fils s'éloigner, billes et bonbons en poche, chèque en main… Oui, l'amour d'un père pour son enfant a bien un prix.

16. Je dépose plainte pour non-représentation d'enfant

« Je me présente à vous afin de déposer plainte pour les faits suivants : samedi dernier, le..., je me suis présenté à 10 heures au domicile de mon ex-femme afin de prendre en charge mon fils Anatole... Quand je me suis présenté, personne ne m'a répondu. »

Tous les quinze jours, Anatole lui refait une cosmogonie complète du monde.

Il lui explique que quand les nuages se disputent, ils pleurent et grondent, se lancent des éclairs : c'est l'orage.

Comme il ne le voit qu'un samedi après-midi toutes les deux semaines, sa boucle cosmogonique fait des bonds prodigieux.

Mais voilà : il sait qu'il n'a que quelques heures avec son papa, il est impatient, fébrile, veut tout faire, tout raconter. Quant au papa, rien ne lui garantit que dans deux semaines, en sonnant à la porte elle s'ouvrira. Cela arrive d'ailleurs une fois l'an, lorsqu'elle prend ses vacances. Une autre fois, c'est parce que le papa était malade, il a demandé de tout décaler d'une semaine. Madame, après consultation de sa robe noire, a répondu que rien dans l'ONC ne l'obligeait à ce décalage.

Et quand il a enfin revu son petit bonhomme après un mois d'absence, la surprise fut totale : ce n'est plus le même, ce qu'il avait grandi !

« La NRE, c'est quoi ? », demandera l'absolu naïf.

C'est la Non-représentation d'Enfant : le papa, après avoir sonné et re-sonné des heures devant porte close va au commissariat. Il explique son cas aux petits bleus pour s'entendre répondre systématiquement : « main courante ». C'est quoi une main courante ? Eh bien c'est un simple papier attestant que vous étiez présent à tel lieu à telle date. Pour le contenu du papier, vous pouvez mettre ce que vous voulez. Si le fonctionnaire en face a le temps, vous pouvez lui décrire le menu de votre petit déjeuner, ça n'ira pas plus haut, ce n'est qu'un papier local. D'ailleurs, certains papas ont trouvé d'instinct l'astuce quand ils ne trouvent pas le commissariat ou si celui-ci est fermé. Ils font un retrait bancaire de dix euros au distributeur le plus proche et conservent le ticket. Lui aussi attestera que vous étiez bien à tel endroit à telle heure.

Récapitulons : si le SJ se fend de papier avec des droits minimaux, c'est à vous de vous arc-bouter dessus : faites-les respecter ! En effet, la NRE est un délit. Si on vous vole votre voiture, que faites-vous ? Vous portez plainte puisque c'est un délit. Vos enfants vaudraient moins que votre voiture ? Non ! Alors portez plainte ! En théorie, quelque part sur votre jugement il doit être écrit que les policiers ont l'obligation de se déplacer pour vous venir en aide et faire le constat. Parfois, s'ils sont disponibles ils le font ; hélas, en pratique, c'est rare et c'est fort dommage car cela est dissuasif. Dans l'autre sens par contre, c'est absolument à déconseiller : rappelez-vous, l'enfant revient naturellement à la mère et cela frise carrément le kidnapping. N'en doutez pas, les policiers seront là.

À sa dernière NRE, il a testé pour vous. Il entre au commissariat le plus proche, et là une dame en bleu lui sort la fameuse « main courante ». Ayant fréquenté assez d'associations, il la mitraille d'un « Je dépose plainte pour non-représentation d'enfant car selon l'article 22-7 du Code civil, vous êtes obligé de la prendre. Voici ma carte d'identité et l'ONC, veuillez procéder, merci. » L'effet fut immédiat, elle était quasi au garde-à-vous, la dame en bleu. Peu importe le numéro du Code civil, citez un chiffre quelconque d'un air plus qu'assuré et vous pourrez enregistrer votre plainte.

Bien sûr, la dame en bleu de service tenta de différer et il dû revenir deux fois. Mais le papa fut pugnace et sa plainte finit par être enregistrée même si l'agent qui la saisit ne cessa de lui répéter à tout bout de champ que « ça servait à rien ». Pourquoi les officiers de police renâclent tant à prendre ce type de plainte ? Parce que cela remonte jusqu'au SJ et que ce dernier, en n'y donnant pas suite, montre à l'évidence qu'il ne respecte pas ses propres écrits. Bref, porter plainte pour NRE, c'est mettre le SJ devant ses contradictions et les petits bleus filtrent : ils ont des consignes non écrites.

Et dans l'autre sens ? Prenons le cas de ce papa de Melun que nous nommerons Éric. En classique 26/4 (26 jours maman, 4 jours papa), son fils de six ans connaît de graves problèmes de santé. Le lundi matin, au lieu de le rendre, il est régulièrement à l'hôpital avec son fils, ce dont il avertit systématiquement la mère. Plusieurs fois donc, en raison des soins nécessités il ne rend pas l'enfant à l'heure dite. Elle porte plainte. La sanction tombe : au lieu de deux week-ends par mois, on réduit son « temps de garde » au dimanche de douze à dix-huit heures. Comme la mère s'est éloignée d'une centaine de kilomètres, le temps d'aller le chercher et ils n'ont

16. Je dépose plainte pour non-représentation d'enfant

plus que deux heures ensemble, qu'ils passent à pleurer. Il a fait appel. Délai : minimum un an !

Là, ce n'est pas une cosmogonie mais la terrible réalité. Eh oui, mon petit lutin, quand tu seras grand, en te retournant sur ton enfance, tu la verras bien vide de ton papa mais tu t'apercevras qu'il se sera battu jusqu'au bout ! Mais alors, toi-même que deviendras-tu dans cette société-là ? Quelles séquelles auras-tu ? Seras-tu assez confiant pour devenir un papa ou peut-être devras-tu te battre aussi pour l'être ?

17. L'épée de Damoclès : l'éloignement géographique volontaire

« Rappelle que tout changement de résidence de l'un des parents, dès lors qu'il modifie l'exercice de l'autorité parentale, doit faire l'objet d'une information préalable en temps utile de l'autre parent. »

L'EGV, c'est l'Éloignement géographique volontaire. Plus d'un tiers des papas viennent dans les associations pour s'en plaindre, résidence alternée ou pas.

Au début, le papa d'Anatole pensait, non, il était sûr qu'avec le régime du mariage cela n'arriverait pas. Bien fait pour les « unions libres », qui n'avaient qu'à se pacser. Ça arrive aussi aux pacsés ? Qu'ils se marient, ainsi, la partie qui s'éloignera rompt le « grand » contrat prononcé par le maire : « Art. 215 : Les époux s'obligent mutuellement à une communauté de vie », et en sera sanctionnée. Il fallut redescendre sur Terre, c'est un phénomène de société qui peut se résumer en l'axiome suivant : « En ce nouveau millénaire, en Occident, toute femme peut partir quand elle veut où elle veut. » Rien à voir avec les régimes (mariés/pacsés/ « concubinés »/etc.), c'est ainsi, c'est la première moitié de l'égalité.

Les partisans de l'individualisme à tout crin déclareront : « Mais c'est très bien, c'est la liberté, chacun fait ce qui lui plaît... » Oui mais les enfants, eux, ils n'ont rien demandé, ils suivent, eux ; et le papa, que fait-il ? Tout affolé, il cherche de l'aide. Tout s'écroule autour de lui.

Remontons un siècle plus tôt, vers 1910 par exemple, et imaginons qu'une dame mariée (forcément à l'époque) avec enfant fasse la même chose. La voici qui part à l'insu de son mari, disons dans le sud chez sa cousine ouvrant boutique. Belle vision d'enfant batifolant dans des champs de lavande quand soudain toc toc, on frappe à la porte. Ce sont les gendarmes à la moustache arquée qui, le père l'exigeant, viennent reprendre les enfants, et de force s'il le faut. Eh oui, à l'époque, le Code civil, dit « Napoléon », donnait la primauté au chef de famille, y compris sur la garde des enfants s'il la réclamait. Voilà pourquoi les EGV étaient inconnus.

Reprenons le même cas cent ans plus tard. Couple en union libre (le plus courant) et Madame a une voisine, cousine ou copine qui ouvre salon de coiffure dans un petit village du sud et désire y aller. Monsieur n'est pas d'accord : le prêt, le logement, l'emploi... Et puis que ferait-il, lui, là-bas ? Un soir de fin d'année scolaire, il trouve le nid vide. Madame, d'un petit mot, lui annonce qu'elle a déplacé les œufs. Que peut faire le pauvre papa ? Il peut essayer de ramener les enfants, ils sont autant à lui qu'à elle. Donc il descend, trouve les enfants batifolant dans le champ de lavande – « Coucou, c'est papa, on va faire un tour ?» –, et il les ramène.

Donc voilà comment régler l'immense fléau des EGV : trouver les enfants dans un champ de lavande (ou d'autres fleurs) ou d'autres endroits peu importe, mais pas à proximité de la mère, car sinon le scénario est des plus joués qui soient.

En effet, imaginons les enfants au nouveau logement de la mère. Le père s'y rend, sonne, attend, tambourine, crie, hurle et menace. Et qui verrez-vous arriver ? Les gendarmes qui, cent ans plus tard, embarquent le papa avant de le placer en garde à vue. Car Madame portera plainte pour propos violents et menaces de mort. Le père va se traîner une grosse casserole et courra longtemps après ses gosses… Eh oui ! l'époque a changé : les gendarmes ne portent plus la moustache !

Ce scénario est joué et usé jusqu'à la corde. Madame, encore jeune et mobile, sûre d'avoir les enfants, aura projet de déménagement. Monsieur n'est pas d'accord et les disputes sont fréquentes. Devant le fait accompli, Monsieur perd tout repère, il veut revoir ses enfants, il appelle, il envoie lettres et SMS, il fulmine, il menace. Tout ça, bien sûr, ce sont des preuves manifestes qu'il était violent et que Madame a dû, contre son gré, s'éloigner. C'est ce que répètent inlassablement les associations féministes : « Nous, femmes, sommes obligées de nous éloigner : l'homme est violent. » Les hommes, eux, répondent : « Oui, nous devenons violents mais c'est parce que nous ne voyons plus nos enfants. » Une fois de plus, on inverse la cause et la conséquence, reproduisant ainsi le fameux péché de l'ombre auquel nul ne peut échapper. Les commissariats peinent à endiguer l'inondation de plaintes et mains courantes. Ils rusent, diffèrent, dissuadent pour ne pas se transformer en assistants sociaux. Le temps des gendarmes moustachus rapatriant les enfants au père est à jamais révolu ; aujourd'hui, ils font du « social ».

Le père est la double, triple victime des EGV. Prenons le cas de ce papa, Francis, venu nous raconter son histoire car celle-ci, sous bien des variantes, est récurrente. Francis est pacsé avec Madame qui a sa famille dans les DOM-TOM. La vie citadine c'est transport, travail, soucis et petit logement. Madame, sans prévenir, s'envole avec les enfants pour les îles de ses parents. Le papa déprime dans le petit logement de banlieue désormais vide, pas de réponse d'outre-mer… Il entame les démarches devant le système judiciaire : vu que la maman est à des milliers de kilomètres, il demande la résidence principale des enfants à leur domicile habituel, comme avant. Ce qu'il ignore, c'est que Madame, dans les îles, a, avec sa famille, déposé maintes plaintes contre lui : elle a dû fuir parce qu'il était violent. Elle demande en outre une pension alimentaire élevée car elle est sans emploi et la vie, là-bas, est chère. Le papa, qui reçoit une convocation des DOM-TOM, n'ira pas, il attend impatiemment sa convocation locale, celle où Madame devra s'amender de son départ. Le système judiciaire prioritaire est celui où résident les enfants et il reçut des îles une lettre lui intimant l'ordre de virer mensuellement à Madame une somme conséquente. Quant à ses enfants, on lui accordait la grâce de les voir aux périodes de l'année où les vols étaient les plus chers et, au surplus, entièrement à ses frais !

Prenons un autre cas d'école, celui de Rodriguez. Ce papa est marié et le couple vit paisiblement dans une petite ville du sud de la France. Lui est champion de France d'enduro et elle, d'origine allemande, a le vague à l'âme de la Provence. Sinon, tout va bien : belle maison, emploi local, soleil et deux fillettes charmantes. Serait-ce la stridulation des grillons qui la rend si nostalgique de sa Bavière natale ? Madame ne reviendra pas de son dernier séjour dans sa famille. Le papa, complètement pris de court, essaie tout pour la convaincre, elle hésite mais finalement rien n'y fait. Alors, contre son gré il se retourne vers le système judiciaire français. Il demande la résidence principale de ses deux fillettes dans leur maison.

Les deux petites, leur Provence et surtout leur papa doivent leur manquer… Le système finit par rendre son verdict et son papier est révélateur du parti pris de notre société : « Madame a eu tort de partir… » Là, le papa est rasséréné : « Bien sûr qu'elle a tort, on s'entendait bien, on ne peut pas partir comme ça. » Le papa survole l'inévitable suite jargonneuse puis, à la fin, lit : « … mais il n'est pas envisageable de séparer les enfants de leur mère… » S'ensuivent des conseils pratiques pour que le papa contorsionne son reliquat de temps aux vacances scolaires d'outre-Rhin…

Concubinage, pacs, mariage, rien n'y fait. Les pères « tranquilles » se doivent de prendre vite conscience que si leur femme, conjointe, concubine, compagne, etc., décide du jour au lendemain de prendre les enfants et d'aller à l'autre bout de la France ou du monde, ils les perdront ! Certes, à condition de prendre un minimum de précautions, mais on ne va pas donner ici les petites recettes qui marchent si bien…

Les EGV, c'est l'épée de Damoclès au-dessus de tout papa. Elle est aussi sur la tête du papa de notre histoire, cette épée. Madame a changé quatre ou cinq fois de domicile. En se déclarant femme seule avec enfant et vu sa profession, elle est prioritaire. Une fois, c'était à moins d'un kilomètre à vol d'oiseau. Il était content, il avait prévu d'ici un an d'y aller en vélo avec son petit bonhomme, ils avaient déjà tenté la moitié du parcours. Puis, hop, du jour au lendemain, quinze kilomètres d'embouteillage en plus ! Deux heures de ces rares après-midi avec son fils de perdues. Et si elle décidait de mettre encore quelques dizaines de kilomètres entre eux, ce serait fini : le temps de revenir, il faudra repartir. Il serait alors obligé de passer son après-midi sur le nouveau lieu de vie de l'enfant et de manger au McDo. C'est d'ailleurs le sort de bien des pères

17. L'épée de Damoclès : l'éloignement géographique volontaire

dont les enfants se sont éloignés. Ils se nomment eux-mêmes les papas McDo. Il espère ne jamais en devenir un.

Il faut s'y faire : c'est une nouvelle société, avec pour certains l'excédent d'une liberté prise à d'autres. La moyenne toutefois est respectée et la moyenne c'est l'égalité, non ?

Bien sûr, les associations réclament le juste prix à payer pour enrayer ce fléau. La solution est pourtant simple et parfaitement égalitaire. Elle est d'ailleurs appliquée dans quelques rares pays où ce fléau a disparu.

L'antidote ? Simple : la partie, quelle qu'elle soit, qui s'éloigne en paie le prix, les enfants demeurent avec la partie qui reste. Exemple : un papa en résidence égalitaire bénéficie d'une superbe promotion professionnelle à l'autre bout de la France. Eh bien, il fait son choix : sa carrière d'abord, adieu l'égalité, il verra ses enfants pendant les vacances scolaires et une ou deux fois par mois. C'est ainsi, c'est un choix de vie.

Une telle loi, immédiatement appliquée, certes diminuerait quelque peu la mobilité car le choix serait à bien peser. Par contre, elle ferait chuter vertigineusement le flot de plaintes pour violence puisqu'il faut bien justifier les éloignements.

Pour que cette loi soit adoptée, il faudrait un intense lobbying afin de faire changer les lignes du rapport de forces. Or, ce lobbying étant inexistant dans la nouvelle loi famille, la timide tentative esquissée pour comptabiliser ses EGV (lors du fait, cocher si c'est avec l'accord de l'autre partie) a accouché d'une souris. D'une part aucune sanction n'est prévue, et d'autre part cette comptabilisation est sous conditions, la moindre accusation de violence la rend caduque. Voilà pourquoi ce fléau ne fera que croître.

18. Nous étions pourtant d'accord

« Constate l'accord des parents non contraire à l'intérêt de l'enfant. »

Parmi les cahiers d'école d'Anatole, il y en a un avec de petites figures géométriques simples. Par exemple, un segment avec un trait au milieu qui le divise ainsi en deux parties égales. L'égalité, c'est quand c'est pareil de chaque côté : il sait ce que c'est, son petit garçon, il est assez grand maintenant. Et lorsqu'il lui décrit l'égalité en termes de temps, il tend l'oreille : « Imagine : pendant une semaine, tu dors dans ta chambre, papa t'emmène à l'école et vient t'attendre à la sortie. Puis le vendredi soir, c'est ta maman qui te prend pour une semaine, ensuite ça recommence, chez papa le week-end et le soir après l'école. Qu'en penses-tu ? »

Il trouve ça chouette, il est partant : avec papa c'est vélo, piscine, bricolage, sport, etc. Ça le changerait de sa maman tout le temps. Et son papa est fin prêt pour soutenir ce nouveau rythme, il a tout calculé : l'école est à mi-chemin entre les deux domiciles. C'est pourquoi il a demandé de l'inscrire dans sa requête à sa nouvelle avocate. Celle-ci avait glissé qu'éventuellement le père souhaiterait envisager la possibilité d'une « garde alternée » (elle emploie l'ancienne terminologie du système). Mais c'est une longue phrase bien creuse et sans poids. Elle aurait pu mettre « Le père demande la résidence égalitaire, il dispose du domicile adéquat pour son fils (voir photos chambre) et les deux domiciles sont peu distants et proches de l'école (voir plan en annexe) ». Hélas, ces dames en noir ne défendent bien que ce qu'elles ont à cœur et, trop souvent, la résidence égalitaire n'en fait pas partie.

La Résidence alternée égalitaire, beaucoup de papas lors des réunions disent qu'ils ne l'ont pas demandée parce que leur avocate leur a dit qu'ils n'avaient aucune chance. D'ailleurs, la presse s'en fait l'écho : si la Résidence égalitaire n'est accordée que dans environ 14 % des séparations, c'est tout simplement que les pères ne sont pas pour l'égalité puisqu'ils ne la demandent pas. Encore le péché de l'ombre : inverser la cause et la conséquence, ça marche à tous les coups.

En effet, chaque semaine, parmi les papas autour de la grande table il y en a toujours au moins un pour raconter cette histoire-là. Elle débute ainsi : au début on était d'accord, certes on ne s'entendait plus mais on est des adultes et les enfants n'étaient plus au berceau, alors ce serait moitié-moitié, promis, juré, craché…

Et le dossier est fin prêt pour passer devant Mme la juge ; mais au dernier moment l'avocate de l'autre partie ajoutera plusieurs options. Voilà le couple devant la magistrate et là, revirement total, incompréhensible : Madame met en priorité la garde principale et Monsieur, qui n'avait pas envisagé cette possibilité, proteste énergiquement. La juge, comme dans plus de 70 % de ces cas-là, refusera la résidence égalitaire au père, qui en perd ses moyens. Elle conclura d'ailleurs par un « Vous voyez bien que c'est inapplicable : vous êtes en conflit ».

Pourquoi si souvent ce revirement au dernier acte ? Parce que l'avocate de Madame lui aura expliqué les deux versants. D'un côté, les aides diverses, la CAF, la pension alimentaire, moins d'impôts, et puis c'est dur de ne pas voir ses enfants pendant toute une semaine, très dur, ils sont à vous, non ? Un week-end sur deux, c'est bien assez, d'ailleurs c'est ce que le système va vous proposer par défaut. C'est la coutume, c'est le tarif standard pour les pères séparés, ne dérangeons pas les habitudes et puis vous pourrez toujours changer au lieu de regretter. De l'autre côté, Madame, une semaine sans vos enfants, êtes-vous sûre qu'il va bien s'en occuper ? Et puis regardez vos revenus, ils diffèrent peu, je ne suis pas sûre de vous obtenir une pension alimentaire, et les impôts, une demi-part chacun, et la CAF, et... De plus, votre périmètre va être limité : impossible de vous éloigner. Enfin, à vous de tout bien peser...

Donc revoilà encore un papa racontant la même histoire sans parvenir à s'en remettre : « Pourtant, nous étions d'accord ! » Il découvre trop tard que c'est une affaire de sous que la dame-juge devant lui tranche « dans l'intérêt de l'enfant », ce qui le laisse doublement abasourdi, le pauvre, car en écoutant d'autres papas il découvre leur souffrance d'être des sous-parents et l'avenir bancal de leurs enfants.

Ces histoires reviennent en boucle. Comme celle, par exemple, de Guillaume, ce papa content de sa résidence alternée : les enfants grandissent, habitués à leur double domicile, ça marchait formidablement bien, nous dit-il. Quand soudain le voici assigné devant le système judiciaire. Madame ne veut plus de la résidence égalitaire et exige en compensation une grosse pension alimentaire. Ce qui est triste, c'est qu'elle ne peut pas justifier de casser la résidence égalitaire en déclarant qu'elle se languit des enfants et qu'elle préfère un virement mensuel supplémentaire

18. Nous étions pourtant d'accord

conséquent (quasiment le Smic). Non, impossible, alors elle joue une carte en dessous, parfois plus bas encore. Enfin tout y passe, de la désinvolture à la négligence, de la maltraitance à la violence, mais surtout de la distance : déménager à quelques dizaines de kilomètres suffit à rompre la résidence égalitaire. Madame a dû s'éloigner parce que, bien sûr, Monsieur était violent. Les enfants découvrent un nouvel environnement, une nouvelle école, tandis que le papa fulmine devant un système judiciaire en agitant son papier d'une égalité qu'il ne peut plus honorer. Le système, infiniment lent à démarrer, écartant de sa logique son propre retard, déclarera doctement qu'il n'est pas dans l'intérêt des enfants de les changer d'environnement et il n'oubliera pas la double peine. Monsieur, faute d'égalité, versera une pension alimentaire augmentée.

Des refus ou des pertes de résidence égalitaire pourtant bien établies, on pourrait en poursuivre indéfiniment la liste et en faire des livres entiers. Alors arrêtons-nous là où plutôt, si, un dernier cas pour bien montrer cette dure discrimination.

Voilà un papa que nous nommerons Pierrick. Il bénéficie d'une RE (Résidence égalitaire) avec sa fille depuis qu'elle a eu un an. Elle va sur ses trois ans et tout se passe merveilleusement bien, en partie grâce à sa profession. Médecin, le papa s'est spécialisé dans les gardes et les remplacements pour avoir la moitié de son temps libre, contrairement à la maman qui n'a pas pu se rendre aussi disponible. Pourtant, il est prévu de lui enlever sa RE à la rentrée scolaire. Motif ? L'école maternelle dans laquelle sa fille va entrer est à cinq kilomètres du domicile du père (45 minutes de voiture selon la maman). Le papa fait appel mais le système judiciaire récidive : l'enfant est à la mère, point. Alors Pierrick profite de ses derniers mois de RE pour déménager, il achète une maison à côté de l'école.

Devant ce fait incontournable, sa nouvelle requête au « JAF » en référé ne peut qu'être acceptée. Que nenni ! Le système n'y voit nulle urgence et attendra l'automne pour en délibérer. Or depuis un mois la petite a perdu son papa, la résidence égalitaire est tombée. Ultime verdict du système ? Le classique péché de l'ombre : « Depuis un mois, le père n'est plus en RE (décision de la cour d'appel), et donc rétablir la RE perturberait l'enfant. » Et de fait sa fille, vue par une psychologue, est très perturbée mais parce qu'elle ne voit plus son papa que deux petits week-end par mois. Lui rendre son rythme d'avant serait lui faire retrouver son sourire, quel scandale ! Bon, arrêtons là la liste des prétextes absurdes, c'est un système régalien qui n'a de comptes à rendre à personne, même pas à lui-même.

D'autres histoires reviennent constamment, tristes mais logiques. La RE se passe bien, les enfants grandissent, les tensions se sont apaisées, puis l'adolescence arrive. Prenons un exemple générique. Les filles ont, disons, quatorze ou quinze ans, et ont leurs copains plus près du domicile de leur mère. Elles désirent donc rester chez leur maman, d'autant qu'elle est plus « cool ». La mère fait donc une requête en ce sens et en profite pour demander une pension conséquente, c'est normal. Le papa hurle au complot mais rien n'y fait, les demoiselles ont écrit de belles lettres implorant Mme la juge de les laisser vivre chez leur maman. C'était jugé d'avance et d'ailleurs, dans l'autre sens (elle aurait pu demander à vivre chez leur père), ça marcherait aussi. À l'adolescence, le choix de l'enfant est prépondérant.

19. La Résidence égalitaire ? Mission impossible, monsieur

« Renvoie à la mise en l'état du 5 janvier 2013 pour incident visant à la mise en place au profit du père d'un droit de visite et d'hébergement usuel sur son fils. »

D'autres pères vivant avec ce mode de temps symétrique viennent à l'association pour en témoigner. Qu'en disent-ils ? Qu'une fois le rythme pris – une semaine à fond avec les enfants puis une semaine pour souffler –, ça se passe formidablement bien et les enfants sont pleinement épanouis. Un père, par exemple, bien conscient que devant Mme la juge sa probabilité d'obtenir la RE était infime, préféra négocier en sous-main avec sa femme. Il lui donna 50 000 euros en liquide pour qu'elle ne s'oppose pas à l'égalité. Et depuis il n'a jamais regretté son geste financier, bien au contraire. Voilà qui fait plaisir à entendre ! Ce n'est pas si souvent que des couples séparés s'en disent heureux, cela redonne espoir. C'est de plus en plus fréquent dans les régions aux revenus élevés. Par exemple, la dernière étude de l'Insee révèle que la RE frôle les 15 % dans le 75 tandis qu'elle plafonne à 7,5 % dans le 93. Le bon standing des Parisiens font plus d'enfants épanouis que ceux de Seine-Saint-Denis. Plus un papa est pauvre, moins il verra ses enfants et plus il ramera pour trouver un logement et payer sa pension alimentaire : c'est l'égalité à la française.

Ce qu'il faut bien comprendre, c'est que lors d'une séparation la RE n'est nullement la panacée mais l'une des moins mauvaises solutions pour les enfants. Or, force est de constater que bien des papas ayant réuni toutes les conditions pour l'obtenir se la voient refuser. En cause, le lien privilégié entre l'enfant et sa mère. Pour l'illustrer pleinement nous prendrons, parmi les milliers de pères qui défilent dans les associations, le cas inverse qui, heureusement, arrive rarement. La mère fait une dépression post-partum, elle n'accepte pas l'enfant, elle n'était pas prête, elle a l'impression d'avoir raté sa vie ; enfin, pour un tas de raisons elle part et laisse le père seul avec l'enfant. Eh bien celui-ci se débrouille fort bien, change les couches, fait les biberons, le voit faire ses premiers pas, ses premiers babils avec, en général, sa famille autour ! Ces témoignages inversés démontrent à l'évidence que quelques grands pontes de la pédopsychiatrie se sont trompés de métier. Hélas, ce sont les plus écoutés. Pour eux, en dessous de trois ans, parfois cinq ans, la mère et l'enfant sont indissociables. La réalité toute bête est que l'enfant a besoin d'un référent même s'il a les bras poilus [6]. Mais le pire c'est quand, après quelques années, la mère, cherchant de-ci de-là la vraie vie et ne la trouvant pas, se rappelle qu'elle a un enfant. Elle le redécouvre soudain et, toute attendrie, veut assumer son rôle maternel. Le père, lui, n'est jamais contre : un enfant doit avoir une mère, mais au compte-gouttes, ils ne se connaissent pas. Madame, pressée, assigne le papa devant le système qui, dans son vieux réflexe atavique, régurgite son

6. Daniel Rousseau, *le Pouvoir des bébés – Comment votre enfant se connecte à vous*, Max Milo, 2013.

papier standard : 26/4, 26 jours pour la mère, 4 pour le père. Ce sont les cas les plus dramatiques, surtout si l'enfant a quitté le très bas âge. D'un seul coup on lui enlève un référent avec lequel il a vécu toute sa vie pour le placer chez une inconnue. Les papas qui subissent cette décision incompréhensible en restent incrédules. Dans les associations, ils ne se retiennent plus et pleurent. Un soir, ils étaient deux dans cette situation et l'ambiance était lourde.

Si quelques pédopsychiatres spécialisés dans les enfants en bas âge plébiscitent la résidence égalitaire (au cas par cas), la majorité d'entre eux, de par le réflexe du lien mère-enfant, se montrent hésitants sinon réticents devant ce régime. Un petit groupe de pédopsychiatres y est même franchement opposé et le fait savoir médiatiquement : enfants déstabilisés, perturbés voire complètement désorientés avec de graves séquelles. Des pères qui envisageaient ce mode de vie nous affirment qu'ils y ont renoncé : « Ça peut rendre l'enfant fou, je l'ai entendu à la télé. » Ce réseau de pédopsychiatres-là est un peu comme ces garagistes qui ne voient que des véhicules accidentés : conduire est dangereux, ce n'est pas à recommander.

En effet, quand le couple est en conflit ou diverge trop dans son mode de vie, le grand écart perturbe les enfants. Par exemple, si le petit va sur le pot chez l'un et pas chez l'autre, à chaque retour il faut lui réapprendre le pot. Si chez l'un, c'est grignotage à toute heure, bonbons à gogo et coucher tardif tandis que chez l'autre tout est à heure fixe, l'enfant tentera d'imposer son cadre le plus large au parent le plus sévère et la mésentente s'amplifiera.

Dans les faits, la RE fixe un cadre et une interface entre les deux parents qui les forcent à communiquer davantage. Pour le bien de l'enfant, les parents séparés se voient contraints d'échanger plus régulièrement, se comportant de fait en adultes responsables.

L'enfant « sent » alors qu'il y a un équilibre entre ses parents et s'épanouit mieux. Hélas, cette incitation à se comporter en adulte, notre système judiciaire l'ignore et il n'est pas près de changer ses vieilles habitudes. En appliquant depuis bientôt un demi-siècle son sempiternel 26/4, en déresponsabilisant un des parents, il entretient un déséquilibre qui est le terreau de longs conflits.

Beaucoup de pères se sentent trompés quand ils prennent conscience qu'ils auraient dû oser demander la RE, qu'ils y étaient tout à fait prêts. Seulement voilà : ils tombent trop souvent sur une robe noire pour qui la RE est la chimère des pères. L'un d'entre eux nous ressortit ce que son avocate lui avait dit : « Monsieur, vous vous appelez Tom Cruise ? — Non — Pourtant, ce que vous demandez, c'est Mission impossible ! »

Mais combien sont-ils, ces papas qui voulaient et qui n'ont jamais osé demander le Graal des papas ? Car le seul chiffre officiel, ce sont ces 12 à 14 % qui l'ont obtenue, non pas sur l'ensemble des pères mais sur ceux qui ont osé la demander !

En posant la question à l'association pendant le tour de table, sur dix papas environ la moitié sont prêts à s'investir pleinement dans ce mode de résidence ; ils sont prêts à surmonter bien des obstacles (distance, disponibilité), ce sont les nouveaux pères. Mais ils savent que sans l'accord de Madame, leurs chances sont infimes, alors bon nombre se résignent. On ne peut leur reprocher car dans 80 % des cas, sans cet accord la juge refusera la RE à ceux qui osent la demander.

À l'inverse, si la mère est d'accord, dans 99 % des cas la juge entérinera la requête. Pourtant, elle pourrait tout aussi bien refuser au nom du sacro-saint « Intérêt supérieur de l'enfant » : elle en a parfaitement le droit.

Conclusion : la mère a un pouvoir de veto sur la RE. Ce n'est ni légal ni égal mais c'est la première moitié, intouchable, de l'égalité.

20. Aliénation parentale et conflit de loyauté

« Rappelle qu'en application de l'article 373-2 du Code civil, chacun des père et mère doit maintenir des relations personnelles avec l'enfant et respecter les liens de ceux-ci avec l'autre parent. »

Le papa se promène, le sourire aux lèvres car sur ses épaules Anatole le mitraille de questions sur le monde alentour et papa, évidemment, a réponse à tout.

Son petit bonhomme, justement, de sa tourelle d'observation voit un monsieur en short et maillot courir à perdre haleine.

— Papa, pourquoi le monsieur, il court ?

Papa ne sait trop que répondre, il aime l'efficacité : lui, quand il court, c'est pour attraper le bus.

Alors il répond ce qui lui passe par la tête : « Parce que sa maison brûle, alors il va vite chercher les pompiers. »

Le papa, satisfait de sa réponse, l'oublie vite tandis qu'Anatole, lui, l'intègre à sa nouvelle vision du monde.

Ainsi, un des samedis suivants, en croisant un de ces messieurs essoufflés, son petit bonhomme criera « Regarde, papa ! Le monsieur, il a sa maison en feu ! »

Bien sûr, le papa s'étonnera, puis se rappellera, puis sourira.

Après quelques autres alertes de son fiston, le papa décidera de rectifier sa vision du monde car cela faisait beaucoup de travail pour les pompiers.

En descendant les marches du métro, voilà son petit lutin qui lui désigne un couple d'adolescents en train de s'embrasser goulûment.

— Papa, ils font quoi ?

Le papa est embarrassé, la biochimie des hormones c'est une réaction naturelle, il est passé par là mais depuis, l'amour, même au cinéma il trouve que c'est bien exagéré.

Devant l'air renfrogné de son papa, le petit garçon lance des hypothèses : « Ils mangent un bonbon ? »

Le papa rebondit aussitôt sur l'idée : « Oui, mais c'était leur dernier bonbon, et l'un des deux l'a vite mis dans sa bouche alors l'autre essaie de lui reprendre. Tu comprends ? »

Et le printemps arrivant, les couples enlacés se multipliant, son petit bonhomme pointera du doigt ces affamés en disant : « Papa, regarde : plus qu'un bonbon ! »

Le papa en a des tas, de ces merveilleuses petites histoires qui ont fait le bonheur de ses samedis. Ce qu'il faut en retenir, c'est que les enfants intègrent tout ce que disent les adultes, en bien ou en mal.

Si l'un des parents dit du mal de l'autre, l'enfant peut en être si influencé qu'il rejettera le parent critiqué. Dans le cas du présent papa, il a eu de la chance : la maman joue cette carte-là avec parcimonie. Certes, les premiers samedis furent extrêmement tendus. À dix heures, la porte tardait à s'ouvrir. L'oreille collée, il entendait des chuchotements, des murmures, cela pouvait durer dix minutes. Puis des pleurnichements commençaient et la porte, enfin, s'ouvrait sur un tout petit bonhomme en larmes. Que lui avait-elle dit ? Facile à deviner : que s'il allait avec son papa il ne reviendrait pas, il ne verrait plus sa maman car il s'accrochait à elle en le regardant, tout effrayé. Que faire ? D'instinct, le papa eut le bon réflexe car il le voyait trop peu. Il le prit tout de suite, quasi de force, sans hésiter, sinon c'eût été la spirale infernale : moins il l'aurait vu, plus le petit aurait été effrayé. Sans le savoir, il venait d'échapper au syndrome d'aliénation parentale. En effet, au bout de quelques minutes il se calmait. Puis dans la voiture, par le rétroviseur, le papa voyait ses dernières larmes sécher. Alors, apercevant sur la route une de ces bosses ralentisseuses, il lui disait « Tu veux que papa fasse un badaboum ? » Oh oui ! qu'il voulait, le petit bonhomme, le papa accélérait à fond et les voilà tous deux en train de faire un grand bond dans la voiture : « Encore, papa, encore ! » Ça tombait bien, ces ralentisseurs vont toujours par deux. Et son papa transformé en roi des badaboums, le petit, en riant, avait complètement oublié que quelques minutes auparavant, il pleurait comme une fontaine.

Pour d'autres papas, c'est le calvaire. Ils sont rejetés par leurs enfants. « Tu es méchant, tu fais du mal à maman, on ne veut plus te voir… » Ils sont bien tristes, ces papas-là, leurs enfants sont une arme retournée contre eux, que faire ? Le papa, tout en essayant de se dé-culpabiliser, ne serait-il pas tenté de retourner dans l'autre sens cette arme qui souffre ? Parfois oui, il inverse, et c'est la maman qui est dénigrée, dévalorisée. Dans tous les cas, c'est l'enfant-arme qui est en souffrance. Il n'est pas dupe, l'enfant, en rapportant les phrases tant de fois ressassées par le parent revanchard à l'autre parent. Il aime ses deux parents, lui, il aimerait qu'on lui dise que c'est pour cela qu'il est forcé de jouer ce mauvais rôle. Que derrière ses paroles méchantes, il crie au secours : « Regardez ce que je deviens : réconciliez-vous ! » Le mieux à faire, c'est d'ignorer ces attaques indirectes, faire comme si de rien n'était, expliquer simplement qu'il n'a rien à voir là-dedans : papa et maman ne s'entendent pas, ce n'est surtout pas de sa faute et sa petite voix contre l'un ou l'autre n'a pas d'importance.

Dans les associations de pères, ces cas d'aliénation parentale reviennent régulièrement. Avouons-le, nous ne savons trop quoi répondre lorsqu'un conjoint cherche à priver l'autre de sa relation avec l'enfant, lorsque ce dernier refuse de répondre au téléphone à son papa. Le syndrome d'aliénation parentale, dit SAP, est très difficile à prouver bien qu'il commence, vu le nombre de séparations, à être reconnu.

Que peut-on faire alors ? Vous imaginez le tableau, l'enfant qui pleure, qui crie « Papa est méchant ! » et finalement refuse d'aller les rares week-ends avec son père. Ce dernier, ne voyant plus son enfant, fait des pieds et des mains pour obtenir une enquête sociale, laquelle, si elle est acceptée, sera à ses frais, puis à ses dépens si elle lui est défavorable puisque ses droits de garde en sont d'autant réduits. Une enquêtrice sociale avait ainsi demandé à un père s'il avait enlevé les ampoules électriques. Réponse du papa : « Oui, mon fils n'éteignait jamais les lumières, c'était pour lui apprendre, ensuite je les ai remises… » Dans son rapport, l'auditrice conclura que le papa était violent envers son enfant de dix ans, avec utilisation de moyen sadique, etc.

Que deviendront tous ces enfants victimes du « SAP » que l'on nomme aussi le complexe de Médée ? C'est là une vengeance provisoire qui aura bien des répercussions plus tard. La mère, à force d'influence, a persuadé l'enfant de ne pas répondre à son père au téléphone. Des années de tentatives, des années de refus. Le père peu à peu s'est éloigné, la mère a gagné, elle a coupé toute relation avec le père, celui-ci n'a plus d'enfant, il n'est plus père, quelle vengeance ! Seulement, l'enfant devenu grand fera le bilan : j'avais un père et je l'ai repoussé, j'ai été manipulé, j'en veux tellement à ma mère que je ne veux plus de mère. Bilan : trois grands perdants, aucun gagnant.

Il y a aussi le conflit de loyauté, très courant. Tout en le racontant, les pères en prennent conscience : l'enfant leur ment à tous deux parce qu'il les aime tous deux et décide de ne pas choisir entre les deux. Il leur dira donc toujours « oui », devinant ce qui leur plaît : « Tu n'aimes pas ton papa, n'est-ce pas ? » « Oui, maman je ne l'aime pas » et inversement. Par exemple, un papa avait inscrit son fils au foot, tandis que sa mère l'avait inscrit au tennis ou à un autre sport le même mercredi après-midi. Les deux se chamaillaient vivement car l'enfant pleurait auprès de sa mère – « Je n'aime pas le foot, mais papa m'a inscrit… » – et auprès de son père – « J'adore le foot, mais maman… » L'enfant avait décidé de ne pas choisir, il voulait faire plaisir à ses deux parents qui, du coup, se chamaillaient constamment.

Des papas qui ont fait un sitting ou une grève de la faim devant les palais de justice pour voir leurs enfants nous racontent qu'ils ont été surpris de leurs conversations avec le public. Beaucoup de jeunes, filles ou garçons, en discutant avec ces papas avouent leur propre souffrance d'enfants de divorcés. Devenus adultes, les liens avec leurs parents sont trop souvent distendus avec leur père, qu'ils ont si peu vu. Ils regrettent de manquer d'une vraie famille. « Battez-vous, monsieur : c'est maintenant que vous devez jouer votre rôle de père ; à notre âge, c'est trop tard… » Ces papas, avec leur pancarte en carton « Rendez-moi mon fils, ma fille » sont étonnés du nombre d'enfants de divorcés les encourageant. C'est ainsi qu'avec 200 000 enfants subissant chaque année la séparation de leurs parents et si peu de RE, le système judiciaire produit bien de futurs adultes amers dont la moitié se sépareront à leur tour.

Mais le pire, ce sont les maltraitances sur l'enfant. Que la mère violente ou néglige ses enfants, eh bien oui, cela arrive : les mesures du 119 (enfance en danger) nous révèlent que dans 52 % des cas les maltraitances proviennent de la mère, dans 34 % du père et le reste de l'entourage. Il faut préciser que dans la grande majorité des cas, l'enfant est gardé par la mère. Oui, mais statistiquement un enfant avec son père a moins de probabilités de subir des maltraitances. Étonnant, non ?

Le summum, c'est quand la mère bat l'enfant, lui fait subir les pires sévices physiques, souvent avec un compagnon de passage et qu'elle en accuse le père. Cette double violence inversée est à devenir fou. Bien sûr, le pauvre papa tire toutes les sonnettes d'alarme possibles. Comment, l'enfant a des bleus et le père ose accuser la mère ? C'est si difficile à admettre par un système judiciaire composé principalement de femmes pour lesquelles la mère ne peut être que protectrice que parfois il se retourne contre le lanceur d'alerte. C'est ainsi qu'on assistera à des phrases d'anthologie du système.

À un père dont l'ex-épouse avait tenté d'étrangler ses enfants, la juge dira « Mais monsieur, aucune loi n'interdit à une mère d'étrangler ses enfants ! » Ou un rapport d'une psychologue qui affirmera que « si l'enfant a des bleus, c'est qu'il se frappe sur les murs afin de prouver son amour à ses parents… »

Ce sont tout de même des cas rares et si la maltraitance est avérée, le père a – enfin – gain de cause, comme dans ce cas où le papa a reçu un coup de fil à son travail : son ex-compagne, qui menait une vie de patachon et se droguait, lui indiquait tout simplement la place publique où elle avait laissé leur petit sur un banc. Il a eu le bon réflexe, il a composé le 17, et cette fois-ci, devant l'enfant déshydraté, attendant dans son square, un constat fut établi. La mère fut condamnée pour abandon et le bambin remis au père.

Malheureusement, l'homme pâtira toujours de son image. Une petite vidéo sur YouTube, réalisée par des Anglo-Saxons, la résume bien. Un couple se dispute dans une rue bondée. L'homme menace la femme, crie puis lève le bras, finit par lui donner une gifle. Les caméras filment alentour. Les gens s'arrêtent, une femme poussant son berceau dit qu'elle va appeler la police, il y a attroupement… Puis, dans une autre rue, même dispute, mais inversée. La femme insulte l'homme, ce dernier prend un air contrit. Elle lui crie dessus, le pousse contre un mur et la même gifle retentit. Les caméras montrent quelques sourires, un autre homme, juste à côté, mange des cacahouètes et ne lève même pas la tête. Aucun attroupement, juste un léger amusement. La vidéo se termine par ce message : « La violence est la violence pour tous les êtres vivants. » Hélas, dans nos esprits, par atavisme, c'est Madame qui est Dr Jekyll et Monsieur qui est Mr Hyde, mais le monde a changé, c'est l'égalité pas encore digérée par notre mentalité ancestrale. À cette enseigne, et on en parle peu, un homme tous les neuf, dix ou onze jours – ça varie selon les années – est tué par une femme (contre une femme tous les trois jours par un homme). Il y a quelques décennies, c'était rarissime : inutile donc d'être prophète pour prédire que ce phénomène s'amplifiera. Dans le futur, ces deux courbes finiront par se croiser et nos médias toujours perspicaces déclareront qu'avec le même nombre de décès de part et d'autre, l'égalité femme-homme est enfin atteinte.

Syndrome d'aliénation parentale (SAP), complexe de Médée, conflit de loyauté, maltraitance psychique et physique, etc. Voilà ce qu'il faudrait savoir avant de se séparer. Peut-être que Mme la maire, lorsqu'elle prononce son laïus lors des mariages, devrait en avertir les futurs mariés ? Peut-être qu'elle devrait leur faire signer un document où les tourtereaux s'engagent à la RE : pensez aussi à vos enfants avant de vous séparer ! » Mais dans l'ambiance roucoulante du moment ça serait une sacrée fausse note et c'est bien dommage pour nos enfants.

21. Papa, raconte-moi une histoire

Je me souviens de toi, mon petit bonhomme, à trois ans, harnaché sur ce siège obligatoire à l'arrière de la voiture. Lorsqu'on passait près d'une forêt, je t'observais dans le rétroviseur. Pour toi, le loup s'y cachait et tu regardais ces sapins sombres avec angoisse car le loup t'effrayait réellement. Combien de fois m'as-tu posé la question « Lou le louuu » ? Je te racontais alors qu'il ne sortait que la nuit, que dans les petits bois, il n'y avait que de petits loups. Et quelques minutes plus tard à l'horizon de quelques buissons : « lou l'ti louuu ? »...

Un petit garçon qu'on ne voit que vingt-cinq après-midi par an, ça grandit à une telle vitesse qu'on a l'impression d'avoir vingt-cinq enfants différents et ça laisse à chaque fois d'intenses souvenirs. À quatre ans, toujours à l'arrière, dès le départ, c'était « Papa, raconte-moi une histoire ». Anatole adorait les histoires et le papa adorait les lui raconter. En fait, guidé par ses questions, c'est lui qui les lui faisait inventer. Combien de fois lui a-t-il réclamé l'histoire du petit garçon s'amusant trop à l'école ? Ces parents l'avaient pourtant averti de ne pas rentrer trop tard à la maison car entre l'école et la maison, il y avait une forêt à traverser. Et bien sûr, un soir le petit garçon a trop tardé et le soleil s'est couché. Il a bien fallu traverser la sombre forêt de nuit, à pied puis à vélo, avec des loups puis des loups aux yeux rouges puis des dragons, puis des fantômes… Le papa ne sait plus combien de variantes il a dû imaginer entre deux samedis car à chaque fois son bambin exigeait un frisson supplémentaire avant que, naturellement, tout ne se termine bien.

Son histoire préférée, c'est son fiston qui l'a fait imaginer à son papa pendant sa période « caca-pipi ». Mais toute histoire doit avoir une morale et dans celle-ci, la morale c'est qu'il faut toujours être poli. Voici donc l'histoire qui rend tous les enfants de quatre ans polis :

Il était une fois un petit garçon qui se promenait dans un champ. Il est content, il chantonne, il gambade, et paf ! tout à coup, il tombe dans un trou. En bas, il fait sombre, il a peur. Alors une belle dame en grande robe bleue avec une baguette magique arrive et lui demande ce qu'il veut. « Je suis tombé, madame. S'il vous plaît, remontez-moi. » Et la dame de lui apprendre qu'elle est la fée de ce lieu et qu'elle va le remonter. Une fois en haut, le petit garçon rassuré remercie beaucoup la fée. Touchée par sa gentillesse, celle-ci, puisqu'elle est fée, lui demande ce qu'il voudrait d'autre. Alors le petit garçon, timidement, dit « S'il vous plaît, madame, je voudrais… un train électrique ». Et hop ! le train tombe du ciel. « S'il vous plaît, madame, je voudrais un robot à piles. » Et hop ! derechef et le champ de se couvrir de jouets…

Le petit garçon rentre chez lui les bras plein de cadeaux, très content. Le lendemain, dans la cour de récréation, il raconte à tous ses petits copains son histoire de fée. Ceux-ci n'y croient pas, se moquent de lui tandis qu'une petite fille l'écoute attentivement : elle a un plan pour avoir plein de jouets.

Alors elle va dans le même champ, chantonne « tralali, tralala… », aperçoit le trou et saute à pieds joints dedans. Au fond, la fée arrive souriante mais la petite fille ne lui laisse pas le temps de se présenter : « Fée : remonte-moi ! » Arrivée en haut, la petite fille, sur le même ton, la mitraille de demandes : « Fée, je veux une trousse Perlimpinpin et puis un ballon-yoyo, et puis un costume de… et puis… » La fée réfléchit, sourit et fait tourner sa baguette magique. La petite fille lève la tête au ciel d'où va venir sa liste de jouets quand tout à coup, plouf ! dans un grand bruit mou, lui tombe dessus un gigantesque caca d'où elle émerge en pleurant. Alors la fée lui dit « Tu as ce que tu mérites car je n'ai entendu aucun : s'il vous plaît, madame… »

Tous les enfants de quatre ans adorent cette histoire. Son fils la lui a réclamée une bonne vingtaine de fois (une année avec lui). Plus tard, il lui dira que les papas, ça sert à compter et à raconter des histoires.

À cinq ans, Anatole est passé des histoires aux questions. Il essaie de comprendre ce grand monde qui l'entoure. En passant en voiture près d'un cimetière et apercevant furtivement les tombes, son lutin se demande ce que font les gens morts dans leur petite maison. Malgré son imagination, pour une fois le papa s'embrouille. Alors le petit bonhomme de l'aider : « Papa, c'est quoi être vieux ? » Là, c'est facile, les personnes vieilles, elles sont plus lentes, plus maladroites, parfois elles sont malades, elles ont des cheveux blancs et des lunettes…

— Papa ?

— Oui mon lapin ?

— T'es presque vieux.

À six ans, trop de choses ont changé. Eh oui : il grandit bien trop vite ! Son papa a l'impression d'être au cinéma où à vingt-cinq images par seconde, il le voit grandir en hyper accéléré.

Dorénavant Anatole n'est plus sur le siège arrière, mais devant. À son grand regret, il ne lui demande plus d'histoires mais parle tout le temps. Il doit regarder beaucoup la télé et aller souvent au cinéma. De ses films, de ses dessins animés, il lui cite plein de personnages. Son papa fait semblant de les connaître car il voit bien qu'ils lui tiennent à cœur. Mais à son petit air de reproche en coin, il sait ce qu'il doit penser : « Pas terrible, mon papa : il ne connaît même pas Zoupi le chien, Tagada, le robot flash… », etc. Hélas, petit poulain, ton papa ne regarde pas de dessins animés, il prépare sa énième audience, fait un chèque à ta maman, à son avocat, à l'huissier, etc. Tout ça pour ne plus être un papa-fantôme.

Eh oui, il change trop vite et son papa peine à le suivre !

Mais le papa s'adapte, il a de la ressource. Son fils a trouvé un nouveau jeu qu'il a dû apprendre à l'école : il fait le perroquet et répète tout ce que l'autre dit. Au début, son bonhomme gagnait tout le temps et le papa d'entendre toujours ses propres paroles dans la petite voix en écho. Puis le papa a dit « onomatopée, dégringolade, tarabiscoté… », puis encore plus difficile « déjudiciarisation, inéligibilité… » Le petit peinait, s'y reprenait à plusieurs fois mais y arrivait. Excellent, s'est-il dit : la maîtresse lui avait parlé d'un léger problème d'élocution. Son fils a continué ainsi longtemps, il ne voulait pas perdre et s'est accroché. Puis est venu le plus long mot de la langue française : « anticonstitutionnellement ». Et là, il s'est emberlificoté et a déclaré forfait.

— C'est qui le plus fort ?

— « C'est papa ».

Il adore cette petite voix qui lui dit que c'est lui le plus fort, cela lui redonne des forces pour lutter contre cette administration judiciaire lourde, tranquille et sourde.

22. La raison du plus fort est toujours la meilleure

« Mme X sollicite une somme de 20 000 euros à titre de prestation compensatoire. M. LANDROY s'y oppose. »

Encore un samedi nuageux. C'est vrai que les années passant, ce petit après-midi en commun a pris certaines habitudes. Après la sortie en fanfare du petit bonhomme main dans la main, le papa cherche sa voiture. Puis direction le supermarché, puis la médiathèque, puis le repas... Pendant le trajet, le petit garçon raconte ses exploits à l'école, chante une chanson de sa voix claire, se trompe, recommence.

Devant le supermarché, il réclame la pièce pour le Caddie, va le chercher, le sort de la file puis monte dedans. Le papa pousse le chariot à toute vitesse et lui, cheveux au vent, sait déjà tout ce qu'il va prendre. On rentre, il descend, va chercher le jus d'orange, les boîtes de conserve, les plaques de chocolat préférées de son papa, il ne se trompe jamais. Que voulez-vous, après des années, le parcours est bien réglé et le petit enregistre tout : sa mémoire est excellente !

Parfois, avant les courses il veut faire un tour autour du château de la sorcière. Il sait que son papa lutte contre ce grand bâtiment, il veut « l'attaquer » lui aussi.

Les voilà au pied de l'édifice, il y a des rochers, il aime bien monter dessus. Ils tournent autour du château maudit. Lorsque, un peu plus loin, le papa voit un poteau, un arbre, un banc : « Le premier qui touche le poteau ! » Avant qu'il n'ait fini sa phrase, son fiston est déjà parti, il a pris de l'avance. Le papa le rattrape sans effort puis, arrivé à sa hauteur, il fait mine de s'essouffler ; plus qu'une dizaine de mètres, c'est la cavalcade finale. Il donne toute son énergie tandis que le papa fait semblant de perdre du terrain. Mais au dernier moment, il touche le poteau.

— C'est qui le plus fort ?

— C'est papa.

Le ton de sa réponse m'étonne toujours, c'est dit d'une petite voix simple, très douce, comme une évidence, comme si je pointais l'astre du jour :

— C'est quoi ça ?

— Le soleil.

Le papa avait lu un livre d'un pédopsychiatre connu qui a d'ailleurs récemment un peu repris la défense des pères. Dans son ouvrage, il écrit qu'il ne faut pas laisser gagner l'enfant lorsqu'on lui donne un défi car pour lui, c'est son père le plus fort et s'il gagne, que lui reste-t-il ? Instinctivement, il appliquait cette règle et il a appris dans ce livre qu'il est inutile de poser maintes fois la question du plus fort : pour un enfant de cinq ans, ce sera toujours son père.

Ils arrivent au plus près du château qui se dresse devant eux, imposant. Ils se prennent par la main et, face à l'édifice grisâtre, tous deux lèvent la tête.

— C'est qui le plus fort ?

— C'est papa.

Que ta petite voix me fait du bien, car vois-tu mon poussin, ton papa tout-puissant pour toi n'est rien face à cette administration judiciaire ! Il la combat depuis des années, il connaît sa colossale inertie, son rythme lent, ses périodes de léthargie appelées « vacances judiciaires ». Ton papa est retombé sur une de ses premières lettres adressées au château, écrite début 2011. Il l'a relu et en a trouvé l'auteur ridicule, manifestement un Don Quichotte égaré au troisième millénaire. Il y disait que s'il n'avait pas très rapidement son fils samedi ET dimanche il envisagerait, attention… roulement de tambour… *d'abandonner sa paternité ! Ton pauvre papa pensait, dans son absolue naïveté, que toutes les portes du palais allaient s'ouvrir et qu'une multitude de petites dames affolées le long des couloirs s'en indigneraient : Pensez ! Un père qui… Non, impossible !*

Évidemment que le château est resté silencieux, pourtant il l'avait bien reçue, la lettre, le récépissé du recommandé l'attestait. La confiance naïve en notre civilisation est tenace et l'année suivante à la même époque, pour cette fois-ci tes cinq ans, ton papa a récidivé. Il a retrouvé l'autre lettre. Plus sévère, plus solennelle : « Mme la procureure, ceci est un ultimatum… »

En 2013, ton papa n'a plus écrit, il a enfin réalisé et ne croit plus du tout en notre civilisation. En effet, ton papa a beaucoup écrit, a beaucoup raconté son histoire, aux députés, à Mme la maire de sa ville, aux policiers… et les réactions furent terriblement décevantes.

Un jour, il repensa à ces tests de psychologie des années 60 effectués par le sociologue Stanley Milgram. Son test sur la soumission à l'autorité est célèbre (un acteur simule des décharges électriques enclenchées par des étudiants ignorant que ce sont eux-mêmes qui sont testés). Bref, la soumission à l'autorité est une constante absolue, un peu comme la vitesse de la lumière et les gens réagiront de tout temps pareil. Si l'autorité a décidé que vous ne verrez en cumulé votre fils que huit jours par an, eh bien comme dans ce fameux test les quatre cinquièmes des gens acceptent d'emblée la décision. Bien sûr, ils vous diront de vous rapprocher de votre avocat, de patienter, d'espérer alors que le père s'attend, lui, à une énorme exclamation : « Quoi ! Huit jours par an ! Impossible ! » Ça lui aurait fait bougrement du bien mais ce rugissement d'indignation n'est jamais venu : le grand sociologue avait, hélas, raison.

Pour être davantage associé à l'école, il s'est rendu un jour à un rendez-vous de parents d'élèves. C'est la pré-réunion pour des élections ; il leur dit d'emblée son but : voir, grâce à l'école, plus souvent son fils, un samedi sur deux ce n'est pas assez. Autour des tables, une majorité de femmes, quelques hommes, le papa d'Anatole insiste sur son état car ils semblent ne pas avoir entendu. Un des hommes lui demande s'il a bien l'autorité parentale. Bien sûr que je l'ai, il veut la voir ? Il se penche vers son sac à dos, mais l'individu n'est plus intéressé par son histoire et le groupe reprend sa discussion sur des problèmes de chauffage. Il les regarde par en dessous, ils sont indifférents à son sort, un père fantôme est parmi eux, cela est normal, c'est l'autorité, le système qui l'a répudié, c'est ainsi, rien à dire. Il songe à cet instant – avec effroi – qu'il y a « de la marge », que l'ignominie pourrait être bien pire et l'indifférence de même. Cette pensée l'effraie.

Le papa a enfin compris l'inquiétante réalité de notre société. L'autorité n'y représente en rien la justice mais la paix sociale du moment. Et tout le monde ou presque se range derrière car, ce faisant, elle est garante de leur tranquillité individuelle. C'est pourquoi, malgré toutes ses lettres à toutes les instances, personne n'a donné suite : c'est contre la paix sociale et, donc, censuré.

Alors le papa a suivi la loi de ce fameux Milgram, il a rejoint les associations de pères et est allé manifester, car il y a toujours une petite fraction irréductible de la population qui refuse les lois injustes et qui se rebelle.

Chaque papa lutte comme il peut ; le tien, il a décidé de raconter son combat.

Le papa a lentement compris ce que l'on espère du mot « justice », c'est un idéal, un mythe. C'est le roi saint Louis la rendant sous son chêne, c'est Salomon proposant de couper l'enfant que deux mères proclament d'elles. Mais derrière ce vénérable mot se dissimule en réalité un système, dit judiciaire, appliquant des textes qui ne sont que le reflet des rapports de forces dans une société à une époque donnée. Jadis, quelques gangsters, ou clans mafieux de la rue Lauriston, firent une « descente » au 36 quai des Orfèvres et bastonnèrent un inspecteur de police qui contrariait leurs projets. C'était la paix sociale de l'époque et aujourd'hui, les échos des affaires politico-judiciarisées nous révèlent que dans les coulisses de cet idéal, de ce mythe », tout n'est que rapport de forces.

En cas de séparation, la mère et l'enfant étant indissociables, une des parties part forcément perdante. Conséquemment, la majorité des séparations sont initiées par la partie gagnante. D'ailleurs, ça n'y change rien : la robe noire qui voit un père entrer, stressé, dans son cabinet parce qu'il a reçu un recommandé du système, ou qu'il veut lui-même initier la séparation lit quelque part en filigrane sur son front le mot « perdant » ; un long combat l'attend pour regagner du terrain à moins que l'autre partie, bien sûr, soit d'accord...

Toutefois, il y a des exceptions à ce déséquilibre intrinsèque du Système judiciaire. Il se souvient d'un papa qui n'est venu

22. La raison du plus fort est toujours la meilleure

qu'une fois, il voulait un simple conseil. Voilà l'histoire. Monsieur est marié, a deux enfants et des revenus confortables. Sa femme l'assigne devant le système avec la requête classique : la maison, la garde des enfants, une pension alimentaire de 1 500 euros et en prime la jouissance du véhicule. Ils passent tous deux en conciliation. Madame non seulement réitère sa demande mais y ajoute l'usage des animaux domestiques. Ils devaient avoir un chat, un chien, peut-être un poisson rouge ? Peu importe, résultat des courses : Madame est déboutée de tout, Monsieur conserve la maison et par conséquent la garde principale de sa progéniture. Madame a soixante jours pour déguerpir avec ou sans le poisson rouge – ce n'est pas précisé. Ce papa vit mal ce compte à rebours ; il cohabite avec une furie qui chaque jour l'invective, le pousse à la violence ; il vient chercher de l'aide : comment tenir ?

Il reçoit les conseils classiques, comme de tourner le dos en cas de coups physiques (difficile au commissariat d'accuser l'autre de s'être frappé lui-même), etc. Mais son cas nous intrigue car évidemment, tout le monde s'attendait à l'inverse. Nous lisons attentivement sa défense et, en effet, c'était tellement bien amené que, de fil en aiguille, à la fin on lui donnait aussi la maison puis, forcément, les enfants puis la pension alimentaire s'évanouissait… Son avocat avait réussi là un véritable chef-d'œuvre. Quel brio, quel talent, tout en petites ruses sincères ! Ah ! j'oubliais la profession de Monsieur : avocat en droit de la famille. Il s'était battu comme un lion avec lui-même comme client et malgré son état de perdant, il a tout gagné.

De cette dernière histoire une morale est à tirer : la justice serait juste si tous les pères exerçaient la même profession que ce monsieur. En attendant cette utopie, nous continuerons de la nommer « système judiciaire », faute d'autres mots…

23. Pas de trêve pour la fête des pères

L'ordonnance de non-conciliation en date du 12 janvier 2011 prévoit un simple droit de visite un samedi sur deux ce qui implique que seule, Mme X épouse X peut, si elle le désire, vous autoriser à prendre votre fils le week-end de la Fête des pères.

Ce samedi-là est un beau jour de juin. Le papa d'Anatole arrive à pied devant la porte de sa maison. Ce n'est pas encore l'heure, inutile de frapper. Sa voiture est sur son ancien parking. Il s'approche et observe que de mauvaises herbes poussent entre les fentes du goudron. Machinalement, il se baisse et les arrache. Il aime que sa maison soit nette, bien entretenue. Mais que fait-il ? Il se relève, recule, regarde sa demeure que la nature vivace rend si pimpante. Mais ce n'est plus chez lui, même si tout lui est si familier…

Il retourne devant la porte et frappe doucement. En attendant l'ouverture, il sourit car il songe au lendemain : c'est le dimanche de la Fête des pères… Il entend des bruits, il est dix heures, la porte s'ouvre et son petit lutin surgit avec un sourire radieux et plein de malice. Il brandit quelque chose dans sa main, qu'il lui tend tout heureux. C'est une grande enveloppe marron clair avec plein de fleurs dessinées dessus.

— Tiens, pour toi papa !

Il prend l'enveloppe, elle est toute gribouillée d'étoiles dessinées au feutre et de petits cœurs d'une autre couleur sur un bord. En bas, une voiture-fusée fonce, crachant du feu et surplombée d'un drôle de personnage avec un chapeau conique tandis que sur le pied de l'accélérateur, un tout petit bonhomme a l'air de courir. Plus haut, deux personnages au feutre vert. Ils se tiennent par la main mais un trait vertical, comme un éclair, les sépare. Un peu partout, d'étranges symboles, des sinusoïdes, des spirales, des formes énigmatiques. Il ouvre l'enveloppe tout en songeant à la puissance symbolique, obscure pour lui, de tous ses dessins. Il en sort une feuille bleue. Dessus s'étale un imposant château fort avec deux donjons bien symétriques, au centre une tourelle surplombée d'un drapeau et en bas, au milieu, une porte carrée et marron.

— Ouvre la porte, papa, ouvre la porte !

Papa ne sait comment l'ouvrir... Ah oui, en la palpant, il sent que c'est une feuille ajoutée et qui s'enfile dans une fente du papier bleu au-dessus ! Ça s'ouvre comme un pont-levis. Il rabat le papier marron et découvre ce qu'il cachait : son fils, de son écriture d'enfant appliqué a écrit « ***bisou papa*** ».

C'est si simple, si beau que c'est vraiment sa fête ce jour-là ! Il le prend dans ses bras, l'embrasse, lui passe sa main dans les cheveux, l'ébouriffe un peu trop mais le petit aime ça.

Ce samedi-là sera le samedi de la Fête des pères, ainsi l'auront décrété le père et le fils main dans la main en s'éloignant de la maison.

C'est très important pour les papas éjectés, la Fête des pères ; elle devrait être une trêve pour tous les enfants qui ne voient plus leur père – et ils sont nombreux, près de deux millions.

La première année de la séparation, en 2011, cette fête tombait entre deux samedis. Le papa avait écrit au château qu'il voulait son fils ce jour-là. C'était sa fête, quoi, vous pouvez faire un effort... Il reçut une réponse de la nouvelle JAF, une jeune qui semblait plus communicative. Le début de sa lettre lui donna espoir puisqu'elle déclarait avoir lu la sienne avec attention ; ensuite, hélas, mille fois hélas, elle se retranchait derrière l'ONC en une phrase cruelle : « L'Ordonnance de non-conciliation prévoit un simple droit de visite un samedi sur deux, ce qui implique que seule Madame... peut, si elle le désire, vous autoriser à prendre votre fils pour le week-end de la Fête des pères. »

Et l'enfant, lui, s'il le désire ? Peut-être avait-il en secret préparé un cadeau pour la fête de son papa ? Mais non, l'enfant ne compte pas, seul le désir de Madame compte.

L'année suivante fut plus triste encore. Son petit était tout imprégné de cette fête sacrée et lui avait répété de ne pas s'en faire, qu'il allait convaincre sa maman, que c'était sûr, qu'on allait être ensemble et qu'on allait bien s'amuser pour cette fête des papas.

Il a attendu, courriels et SMS des plus polis comme d'habitude car il avait bien intégré qu'il était le petit Japonais du 2 septembre 1945 devant la 5e flotte du Pacifique, mais le silence seul lui répondit et ce dimanche-là, il pensa tristement à son fils qui avait dû tant insister avec ses pauvres arguments d'enfant sur la « grande fête des papas !» et qui devait être aussi triste que lui.

Bon, quelques semaines plus tard il eut son fils vendredi ET samedi. Ce n'est pas que Madame le désirait mais elle l'avait mis au centre aéré pour juillet et, ce vendredi-là, le centre était inopinément fermé. Madame travaillant, prise totalement au dépourvu, sa famille non disponible, lui envoya un SMS le jeudi : « Peux-tu prendre Anatole de huit heures à dix-huit heures demain ? » « Bien sûr, oui ! » En tout dernier ressort, un papa ça peut encore servir.

La Fête des pères est une période sensible : dans une des associations où le papa se rend régulièrement, le téléphone sonne plus souvent. Le répondeur y est constamment saturé à cinquante messages, il n'y a pas de permanent, on y répond au fil de l'eau. Parfois, lorsqu'il est près de l'appareil il décroche. Il y a de tout, des papas affolés qui disent qu'ils n'ont pas vu leur enfant depuis des mois, des années et qui pleurent, ils veulent faire des bisous à leurs petits. Il y a aussi les innombrables naïfs qui disent « Je ne comprends pas, j'ai des droits… » Ceux-là, en soupirant il faut les mettre au courant…

Un soir, juste avant de partir, le téléphone sonne. Il regarde l'heure : minuit vient de passer, qui appelle si tard ? Au bout du fil un homme hystérique, quasi fou, un an qu'il n'a pas vu sa fille, hurle-t-il. Il va tout faire sauter, aller au tribunal avec son fusil, en tuer le maximum et se faire péter le caisson, comme il dit. Le papa, grâce aux tragédies précédemment écoutées, en est si blasé que chacun de ses mots tombe juste. Il lui déclare qu'il a parfaitement raison d'agir ainsi, qu'il n'y a plus rien d'autre à faire. À l'autre bout, on sent le bonhomme secoué : il ne s'attendait pas à ça. Il ajoute qu'avant de passer à l'action, il pourrait rendre un petit service à sa fille. Quel âge ? Trois ans et demi ? « Eh bien tu as des jouets, oui ? Alors tu vas demain au tribunal, tu mets ses jouets devant l'entrée, sans gêner personne, hein ! Sur une petite table de camping, par exemple avec un écriteau, une pancarte, enfin quelque chose où tu inscris « Un an sans ma fille, rendez-la-moi ! », enfin tu trouveras… et tu restes toute la journée, t'en fais pas, tu ne gênes personne avec tes babioles, tu vas voir que ça va les emm… »

Tout à sa colère, le gars crie que ça ne fait pas un pli, qu'il va le faire, qu'il va préparer les jouets. Le papa entend farfouiller puis « Et des peluches, ça ira ? J'ai des peluches, ça va des peluches ? » « Oui, c'est très bien des peluches, oui » et il raccroche. Encore un qui aura oublié de se suicider. Il est exténué ce soir-là, il est comme le répondeur, il sature…

Période douloureuse que la fête des papas, il n'y a pas de trêve, près de deux millions d'enfants orphelins de père, plus qu'au sortir de la Première Guerre mondiale mais là c'est une guerre silencieuse, de coulisses, de papiers jargonneux et de robes noires et ça ne se dit pas.

24. Quatre mamans et un papa

« Rappelle que les parents séparés et titulaires de l'autorité parentale ont le pouvoir de modifier comme ils l'entendent, dès lors qu'ils sont d'accord entre eux, toutes les mesures concernant l'enfant. »

Au printemps 2013, des centaines de milliers de papas ont eu bien du mal à éviter la schizophrénie. Le papa était lui-même éberlué par ce qu'il voit ou entend. C'était complètement dissonant. C'était la période du mariage pour tous, de l'irruption des Femen dans les lieux de culte et des papas grues. Tout le monde voulait l'égalité mais les papas étaient oubliés. Tout le monde se drapait dans sa position de victime, sauf eux : ils étaient du mauvais côté. Un papa poète avait bien résumé ces mois délirants en les mettant en vers :

Tandis que dans les églises dansent
Des femmes aux seins nus,
Des pères en souffrance
Montent sur les grues.

Cette époque était propice à la chasse au yéti. Qu'est-ce donc que le yéti ? C'est ce dont tout le monde parle et que personne n'a vu. C'est le méchant intemporel et nécessaire. Il doit être quelque part puisque toute société a besoin de ses yétis. Ainsi, l'association eut la visite de débusqueurs de yéti, de journalistes. Et les questions pleuvaient : « Que pensez-vous du mariage pour tous ? de la GPA ? des masculinistes ? » Et cætera.

À l'époque, l'animateur bénévole répondit au mieux : « Oui, on est tout à fait pour tout ça mais on voudrait parler de... » Mais aucun yéti n'entra, et ce fut une soirée comme les autres avec son lamento habituel. La journaliste s'en retourna bredouille, décontenancée par cette réalité sordide. Ces visites de journalistes étaient centrées sur le mariage pour tous, en plein débat à l'époque. Eux, pauvres papas, n'en avaient cure. C'était comme leur demander s'il y avait de la vie sur telle exoplanète sachant que s'ils répondaient incorrectement, ils seraient épouvantablement et définitivement étiquetés.

Or, des papas gays il y en a parfois à l'association et personne ne les marginalise. Ils ne sont que des pères voulant l'accès à leurs enfants et ne différant aucunement des autres. Eux aussi étaient noyés dans le nombre et ne comprenaient pas, sauf à être schizophrènes, le discours de l'époque. « L'égalité n'est pas négociable », pilonnait à tout va notre ministre de la Justice. C'était prioritaire, un homme devait pouvoir se marier avec un autre homme ; mais être père ne comptait pas : il fallut renoncer à comprendre.

Pour illustrer cette contradiction, prenons l'histoire de l'un d'entre eux qui nous apprit au demeurant l'existence de sites permettant à des femmes dont la fécondité était sur le déclin et à des gays voulant avoir un enfant de se rencontrer pour, dans son cas, le pire. A priori, ce serait là des échanges gagnant-gagnant. Voilà une femme voulant un enfant sans s'embarrasser d'un homme et un homme voulant la même chose sans s'embarrasser d'une femme.

Évidemment, dans cet échange l'amour est exclu, c'est purement un service réciproque par courriels, SMS et conventions artisanales rédigées de part et d'autre.

Bien que l'échange de bons services ne fut pas physique, l'enfant naît et le papa gay est aux anges. Il ne voit son bout de chou que quelques heures le week-end puis, les mois passant, il demande comme convenu son week-end complet. La maman tergiverse, diffère, le temps passe. Au bout de six mois, le papa gay menace : « Tu ne respectes pas notre convention, je suis obligé de t'assigner devant le système judiciaire. » Réponse de la dame : « C'est déjà fait !»

On voit là toute l'ironie de la situation car on entre ici dans le scénario usé jusqu'à la corde d'un couple séparé et dont la femme, assurée d'avoir l'enfant, demande tout à la fois des rentes et un cadre minimal de visite.

Bref, le papa gay, tout encore résonant du slogan « L'égalité n'est pas négociable » va devant le système avec ses listes impressionnantes d'échange prénatal qui prouvent manifestement qu'entre les promesses écrites et les faits, le contrat n'est pas respecté.

Le système n'en a cure et, « gayitude » ou pas, n'accorde au père qu'un dimanche après-midi par mois et, curieusement, deux week-ends l'été…

Humilié dans sa paternité, le papa gay fait appel et apporte tant de documents, tant de témoignages, que son dossier mesure 27 cm d'épaisseur, ce qui a le don d'agacer suprêmement toutes les juges : elles lui réduiront encore son temps de garde selon les doléances de la mère, sans toutefois augmenter sa pension alimentaire.

« L'égalité n'est pas négociable. » ; à moins de mère porteuse, il faut inverser le slogan – « La négociation n'est pas égale » – pour enfin comprendre que la carte n'est pas le territoire et que sur le terrain la réalité est tout autre. La paternité du père (gay ou pas) dépend toujours et entièrement de la mère.

Bref, entre le vertige idéologique causé par le maelström attracteur qu'est l'universalisme égalitaire et la réalité à laquelle nul n'échappe, à l'instar de la gravité, c'est l'écart maximal. Et cet écart va alimenter bien des cas ubuesques, tel celui-ci : c'est un papa comme un autre, qui veut avoir accès à son enfant un temps suffisant. Toutefois, dans son récit il mentionne, l'air de rien, que son adolescent boutonneux, avec ses quatre mamans, est un brin mal à l'aise. Bon, il lui faut s'expliquer. Il a la trentaine passée, c'est un bel Eurasien qui, lors de ses dix-huit ans, a rencontré une lesbienne. Il lui a fait un enfant « à la cool », comme il dit. Il le voyait de-ci, delà pendant les grandes vacances, tout allait bien. Le petit grandissait entre sa vraie et sa « fausse » maman, laquelle ne l'aimait pas moins, bien au contraire.

Mais s'il est là, c'est que ce n'est plus cool : dans un couple, il arrive qu'on se sépare. La vraie maman s'est remise avec une nouvelle fausse, tandis que la vraie fausse vit avec une fausse euh... fausse. Et les quatre mamans, double ou simple, fausse demi-vraie ou vraie, aiment toutes pareillement l'enfant et les deux couples se déchirent pour l'avoir. D'où la volte-face du gamin : « Je veux aller chez mon papa ! »

Le papa, lui, voudrait rester à la « cool ». C'est bien, à la « cool », répète-t-il, mais c'est plus cool pour l'enfant...

Pourtant, de tels cas seraient immédiatement résolus par l'une des propositions de la nouvelle loi famille : la multi-parentalité. En effet, imaginons que cette loi ait été appliquée : la vraie mère aurait pu déléguer une partie de son autorité parentale à la première « fausse ». Ainsi celle-ci, en se remettant en tant que belle-mère avec une autre aurait pu, pugnace comme elle est, obtenir la RE, ce qui aurait contenté les quatre mamans !

Super loi, dirons-nous ! Votons-la sur-le-champ.

Oui, mais attendez… On n'oublie pas quelqu'un dans cette belle symétrie mono-sexe ?

Ah oui, l'enfant…On lui offre quatre mamans et il veut, lui, aussi un père… Comment diviser deux moitiés en trois ?

Dans les associations d'aides aux pères, ces exemples d'un nouveau genre commencent à se multiplier. Le papa présent pourrait d'ailleurs en raconter bien d'autres, mais elles sont réellement compliquées et vous font des nœuds au cerveau, au surplus en vain car à la fin, on en revient au statut des beaux-parents qui, s'il est reconnu, revient souvent à partager l'enfant entre trois parents. Ce serait alors la RE trinitaire ? Peut-être s'y dirige-t-on mais alors il faudra aller jusqu'au bout : que les droits du beau-parent soient eux aussi transmissibles (en effet, en cas de décès du parent biologique et du remariage du beau-parent, que fait-on ?). Oui, mais si le nouveau statut du beau-parent est transmissible, en cas de divorce le nombre de papas et mamans n'est plus limité et, le cas échéant, les enfants en multi-parentalité auront des parents mortels mais une parentalité immortelle…

La multi-parentalité part des meilleures intentions, personne n'en doute, mais elle peut virer à des cas si tortueux que c'en devient un exercice mental complexe, ou du moins pas encore familier.

Si elle advient, nul doute que de nombreux avocats, conseillers et experts à l'affût s'engouffreront dans ce domaine immense et vierge. De nouvelles branches du droit pousseront, on deviendra juriste expert en parentalité à (n) dimensions, ou spécialiste en séparation de même sexe, etc. Tout cela bien sûr dans l'Intérêt supérieur de l'économie. Pardon, de l'enfant.

25. Le manège désenchanté

« Ainsi jugé et prononcé au tribunal de grande instance de C. »

Encore un nouveau printemps avec un samedi plein de soleil, pas manqué celui-là, en plein dans le mille. Ils sont allés dans un grand bazar en région parisienne où le papa s'est acheté des outils de bricolage tandis que le fiston, en plein dans sa période pirate, s'est jeté sur une panoplie en plastique de sabre et bandeau noir. Le papa, vu l'enthousiasme démesuré de son fils, a trouvé bien dérisoire le prix de la panoplie (un euro quarante-neuf) : c'est pas cher, le bonheur, à cinq ans ! Au retour, la petite voiture, vitres baissées, fonce allégrement dans le poudroiement des routes de campagne. N'y tenant plus, le petit bonhomme a déchiré l'emballage et, ravi, il brandit son sabre de plastique. D'un air résolu le pirate en herbe le pointe par la vitre, à côté de son papa qui se trémousse au rythme de la musique. La radio de la voiture diffuse le dernier tube en vogue de Stromae, *Papaoutai*, tandis que, sabre au vent, yeux mi-clos, bercé par la musique, son petit bonhomme le regarde intensément avec le visage du bouddha illuminé.

Et le papa comprend le grand bonheur de son fils. Bercé par les virages, son bambin, en cet instant, est aux anges car il mène l'assaut en vaisseau pirate et le capitaine c'est lui, parce qu'il tient le gouvernail.

L'image du bonheur absolu : clic clac, enregistré, avec la belle musique, dans sa mémoire. Dans cinquante ans, son fils pourrait bien repasser sur ces routes en homme d'affaires avisé et ayant tout oublié, son papa, depuis longtemps incinéré, transformé en particules de carbone. Particules si nombreuses que peut-être certaines volèteraient dans les ornières de ladite route. Peu importe, l'instant magique avait eu lieu. Ce pic de bonheur sans limite, c'était comme une gigantesque équation dont l'image, figée à jamais, donnait raison à ce monde d'exister. De ces dames dans leur petit bureau, de leurs miettes de paternité si avarement cédées, le papa avait tamisé l'immense tas de temps manqué pour dénicher, tout au fond, les plus pures pépites.

Encore un autre samedi après-midi de beau temps : vélo au parc.

Le papa a monté la selle au maximum, au risque de la déboîter. Malgré cela, les jambes de son bambin sont déjà trop grandes et ses genoux s'écartent trop de part et d'autre : il lui faut une autre bicyclette.

Le papa s'essouffle un peu derrière son petit bonhomme ; c'est qu'il est plein d'énergie et son moulinage endiablé, jambes écartées, le propulse telle une flèche à travers le parc.

Le papa prend de profondes inspirations : son fils veut faire le grand tour du parc. Une heure à suivre cette boule d'énergie avide d'espace, dont trous, bosses, flaques d'eau font pétiller les yeux de joie.

Le papa, tout en regardant devant lui la petite tête avec sa mèche qui rebique au vent, accroît ses inspirations et, soudain, réalise qu'il va plonger dans une heure de complet bonheur. Il sent qu'elle est là, devant lui, il la palpe presque, cette heure-là : il a totalement conscience, vu le trop peu de temps avec son fils, qu'elle sera unique, qu'elle ne se reproduira plus jamais.

Et tout en tentant de suivre le petit diable sur son engin rouge, il songe à la magique étude du bonheur que nul n'élude, comme disait Rimbaud. Eh bien Arthur, elle est terminée ton étude : seuls, dans la vie, comptent ces rares et précieux moments. Et le papa essaie de retenir et d'en déguster chaque seconde : vrai instant de bonheur !

Au sortir du parc, le papa ramassera, pour le barbecue, des pommes de pin aux abords du parking tandis que son lapin y fera des grands huit. Tous ces zigzags acrobatiques lui donneront envie de le sermonner. Mais devant le visage illuminé de son petit garçon à la mèche rebelle, il comprendra : c'est si plein d'espace le monde, plein de sensations et il y a tant de possibilités à explorer !

Instant unique aux images précieusement conservées car la fois suivante, le temps sera pluvieux, et le mois d'après, son turlutin cassera son vélo rouge dans un trou. Le temps de lui en racheter un, l'automne arrivera et ce sera le vélo du papa qui crèvera avant la dernière excursion de l'année.

Tant d'autres moments magiques auraient pu avoir lieu. Faute de temps suffisant, ces instants de bonheur manqués resteront à jamais douloureux.

Comme par exemple ce samedi d'automne. Quel automne ? Tout passe trop vite avec seulement deux après-midi par mois. C'était l'automne où le manège ne faisait pas « bébé ».

En cette fin de jour assombri, en ramenant son fils et alors qu'ils traversent de petites villes, surgit d'un coup, sur une place, un beau manège.

Regard intense de son bonhomme. Il grandit, mais c'est encore bon pour un dernier tour de manège… « On s'arrête ? », demande le papa.

Juste un petit « oui », un dernier tour de manège avant d'être trop grand. La sonorité de ce oui résonnera toujours dans sa mémoire. C'est un oui long, un oui d'envie mais un oui fragile car il est bien tard. Dix-huit heures passées : il faut impérativement rentrer mais, dans quinze jours, le manège ne sera plus là et l'année prochaine, tu seras trop grand mon bonhomme…

Le papa hésite tant qu'il se crispe, il est tiraillé entre s'arrêter, conserver ce dernier souvenir de petite enfance et la sanction s'il ne rentre pas à l'heure… Il n'arrive pas se décider et la petite auto dépasse l'attraction d'enfant, le petit tourne la tête et regarde tristement le manège s'éloigner. C'est fini, c'est manqué.

L'année suivante, le papa repassera à la même place à la même période et, à la vue du manège, reposera sans y penser la même question à son petit homme qui lui répondra en haussant les épaules « C'est pour les bébés ! » Il aurait dû s'arrêter.

26. Monsieur, passez par le carnet de correspondance !

« Rappelle que les établissements scolaires sont tenus d'adresser au parent chez lequel l'enfant ne réside pas habituellement un exemplaire des bulletins scolaires de l'enfant. »

Ce samedi en prenant son bonhomme, il lui passe la main dans les cheveux, ça rebique de partout. Sa tignasse rebelle et épaisse a besoin d'une bonne coupe : direction le coiffeur.

Ce sera une coiffeuse qui, afin qu'il soit à la bonne hauteur, l'installe sur une pile de coussins. Assis à côté, le papa prend un magazine et, comme c'est plein de miroirs partout, il a tout loisir de l'observer de face, de profil et de côté. À un moment, il lève la tête et voit son visage dans les miroirs. Il y a dans son regard cet état de bien-être et de confiance totale quand il est avec son papa. Mais de temps à autre, tandis que ses cheveux tombent, le papa note que son regard change, devient grave, soucieux et il en devine la cause.

Il repense au jour précédent, le vendredi, où il est allé à son école le voir à la chorale de fin d'année ; une erreur. Parmi les autres parents, beaucoup de mamans parmi lesquelles il trouva une place au deuxième rang, face à l'estrade. La grande section arriva la première, les enfants se tenaient par la main. Il était là, entre deux filles, en haut de l'estrade. Il lui a fait signe mais il ne semblait pas le voir. Ils se sont mis à entonner *Santiano*, avec ses dix-huit nœuds et ses quatre cents tonneaux, d'une très jolie voix d'enfant. C'était très beau et il leva à plusieurs reprises le pouce pour le lui dire ; mais pourquoi l'ignorait-il ? Il tourna la tête et comprit : parmi les autres parents du dernier rang, la maman.

La mère Michel ayant retrouvé son chat et Santiano, San Francisco, les chansons s'achevèrent et les enfants s'égaillèrent dans la cour de récréation où un petit buffet attendait les parents.

Son fils est là avec sa maman à côté. Le papa se dirige vers eux, un bonjour à la maman qui discute avec sa voisine. Lui a-t-elle fait un petit signe de tête ? Il se retourne vers son garçon et, vu sa tignasse, il le prévient que demain, c'est le coiffeur assuré. Mais son attitude est surprenante : il ne lui accorde aucun regard ; ses yeux fixent avec intensité sa maman, il semble hypnotisé par sa présence. Le papa ne sait que faire, tente de dire quelques banalités mais sent que son fils est au supplice et décide de s'éloigner. Finalement il s'en va, seul, triste, laissant enfants et mamans à leur buffet.

C'est dur, ces deux mondes incompatibles mais c'est facile à comprendre. Son fils passe 98 % de son temps dans une énorme sphère qui lui fait à manger, qui l'habille, qui s'occupe de sa santé, de son lit, de sa toilette, de ses activités, qui l'emmène et le ramène de l'école. Cette sphère, aussi grande que le Soleil, c'est sa mère. Et puis il y a, comme la minuscule planète Mercure, une toute petite sphère, celle de son papa. Cette sphère-là, il la voit approcher tous les quinze jours, il saute dedans, il fait une petite promenade puis revient vers l'astre du jour avec son passe, son badge de retour : le chèque.

Alors si, par un cataclysme rarissime, les deux sphères venaient à entrer en contact, Mercure serait avalée par le Soleil. L'éclat rugissant de l'astre du jour rend son fils aveugle et son papa a beau agiter les bras, tenter de communiquer, impossible devant l'astre flamboyant.

Mais ce n'est pas son fils qui l'ignore, non, c'est la société qui ne laisse plus assez de paternité dans le Code civil pour résister au Soleil. En 1992, la féministe et sociologue Évelyne Sullerot avait, déjà, poussé un cri d'alarme : « Votre paternité dépend désormais de la mère, mais que font les pères ? Pourquoi ne protestent-ils pas ? »

Aujourd'hui, la prise de conscience se fait lentement mais il est trop tard. Les papas sont remisés sur l'orbite de Jupiter ou de Saturne et dans leur sphère d'un week-end sur deux, ils rêvent d'un second Soleil.

En attendant, sur son orbite mercurienne, à chaque révolution les années passant, le papa envie Jupiter.

Le lendemain, son petit bonhomme sautant sur Mercure fait comme si de rien n'était. Le papa lui demande :

— J'étais à ta chorale, je t'ai vu chanter, d'ailleurs parfois tu faisais semblant…

Il lui répond qu'il ne l'a pas vu… Alors il le rassure :

— C'est parce qu'il y avait aussi ta maman, hein ?

— Oui, j'avais peur…

Ce 2 septembre-là, c'est sérieux, c'est la rentrée au CP, la grande école, et Anatole est tout fébrile. Sachant bien qu'il n'aura que des miettes de cette étape fondamentale dans la vie de son fils, le papa a insisté pour lui constituer son trousseau.

26. Monsieur, passez par le carnet de correspondance !

Il a acheté les protège-cahiers avec soin, pris l'inévitable cartable de l'homme araignée, les feutres, les tubes de gouache, etc. Le papa, en les achetant, avait l'impression que les petites mains qui s'en serviront, qui gribouilleront les premières lettres, auront sa présence auprès d'elles.

Avec son futur écolier sérieux, ils ont énuméré la liste, tous deux ont mis chaque fourniture dans le cartable. Puis l'heure fatidique approchant, le papa ramène son fils dans sa maison, enfin celle qu'occupe la maman.

Mais ce soir-là, son petit bonhomme refuse de rentrer tout de suite, il veut faire le tour du quartier avec son cartable. Son papa le lui met sur le dos pour la première fois et les voilà tous deux arpentant les rues. Le papa suit son élève avec étonnement car le petit est d'une volubilité extraordinaire, il parle sans arrêt de l'école, de ce qu'il va faire, de ce qu'il va apprendre. Il marche d'un pas assuré, fier d'être avec son papa. Plus tard, il comprendra que son poussin sachant inconsciemment que l'école c'est « papa interdit », il avait voulu recréer une rentrée avec celui-ci, d'où son énergie, son assurance et son discours fleuve.

La rentrée fut bien brève. Le papa avait attendu au portail parmi les mômes. Il avait vu la maman arriver, et comme il ne lui avait pas encore remis le chèque d'août il le lui avait tendu. Elle le prit, cela l'amadoua un peu.

Les parents furent conduits dans la classe des CP. Il se mit un peu en retrait, écoutant la maîtresse parler des différents carnets, bleu, jaune, vert… Celui qui l'intéressait, c'était le carnet de correspondance. Car hélas, ce n'était plus la petite école : désormais tout échange devait passer par ce fameux carnet. Problème : il n'y avait pas accès. Pour lui, ce fut une année décevante. Le papa ne cessa de téléphoner pour prendre rendez-vous avec la maîtresse. Celle-ci n'était pas disponible, en congé ou malade, il fallait rappeler. Impossible de l'avoir au bout du fil, la réponse qu'on lui donnait systématiquement était « Passez par le carnet de correspondance ». Il fut obligé d'écrire à l'inspecteur d'académie pour que, finalement, rendez-vous soit pris. Ce fut au mois de mai, presque à la fin de l'année scolaire. Il se trouvait dans le bureau de la directrice, on lui présenta les cahiers et leçons de son fils. Oui, son garçon allait bien, il était dans la moyenne, certes un peu dissipé – il subissait trop l'influence du meneur de la classe. Le papa le savait bien : son bonhomme, le samedi, lui racontait les exploits de la forte tête, spécialiste des gros mots.

Le papa expliqua qu'il regrettait d'avoir raté les sorties et événements où des parents accompagnateurs étaient demandés. Il aurait aimé avoir un double du carnet de correspondance. Non, on ne pouvait photocopier le carnet pour tous les parents séparés, ils étaient trop nombreux. C'était à eux de s'entendre, l'école ne pouvait se mêler des déséquilibres de la société. Pour elle, l'enfant possède un carnet et au moins un parent, le reste n'est pas de son ressort. Que dire ?

Enfin voilà, il aurait bien voulu l'aider à progresser, il n'aura vu que les résultats : son fils sait lire et écrire.

La rentrée en CE1 s'est mieux passée. Il a obtenu un rendez-vous avec la nouvelle maîtresse. Celle-ci est plus ouverte, plus compréhensive. Pendant l'entretien, elle lui explique le programme de l'année. En décembre, les enfants vont découvrir l'électricité, ils vont manipuler des piles. C'est important tous ces détails car ainsi, de temps en temps, le samedi, le papa questionnera son garçon sur telle ou telle activité de l'école. Son petit bonhomme lui demandera, curieux : « Comment tu sais ? » Là, le papa expliquera

26. Monsieur, passez par le carnet de correspondance !

qu'il sait tout puisque c'est le rôle d'un papa aussi de suivre les progrès de ses enfants à l'école. Malgré sa mansuétude envers le sous-parent, la nouvelle maîtresse différera les rendez-vous suivants. En insistant, il les obtiendra. Elle lui expliquera que ces entretiens lui prennent énormément de temps, alors si en plus il fallait les doubler pour chaque parent isolé, elle y passerait une semaine par trimestre. Là encore, que dire ?

Le papa est amer. Il s'attendait à ce que le système scolaire compense le déséquilibre produit par le système judiciaire. Tel n'est pas le cas. Pourquoi ? Serait-ce parce qu'il est encore plus féminisé ? Cette indifférence à l'égard du parent écarté l'atteint dans son rôle de père. Il ne se serait jamais préoccupé de l'école, il n'y serait jamais allé que personne ne s'en serait étonné. Pourtant c'est là l'un des seuls lieux, dans les miettes du système judiciaire, où le contact avec ses enfants est encore possible. Parfois, ce n'est plus qu'un contact visuel – il existe des papas embusqués qui se contentent d'apercevoir leur enfant de loin, dans la cour de récréation ; ils sont heureux, surtout si leur mouflet leur a fait un petit signe…

Le souhait du papa d'Anatole ? Que l'égalité ne soit pas négociable, que le carnet de correspondance soit accessible – peu importe le moyen – aux deux parents. Ainsi il pourra aider, contribuer aux étapes importantes, aux progrès de son fils dans ce long apprentissage qu'est la vie.

27. Tu aurais dû leur faire des frites...

« Rappelle que les mesures provisoires sont de droit exécutoires à titre provisoire. »

Son petit bonhomme ne lui a jamais fait l'un de ces cacas nerveux qui mériteraient une bonne fessée. Certes, il est têtu et peut bouder une heure durant mais c'est le maximum. Bouderies, fâcheries sont des luxes qu'ils ne peuvent se permettre, ils le sentent, ils le savent, leur temps ensemble est compté, ils n'en ont pas assez.

Son lutin sait comment agacer son papa : avec les gros mots appris à la récréation. S'il les répète, au bout d'un moment son papa va lui demander d'arrêter. Alors il continue parce que ça l'amuse de le voir dire non de la tête avec une grosse moue : « On a gagné, les doigts dans le nez, ils ont perdu, les doigts dans le c… ! » Mais le papa a plus d'un tour dans son sac. Au lieu de s'emporter, il réfléchit : voyons, un enfant, ça aime les jeux, alors à partir de ce samedi on va jouer au mot interdit. Et le premier qui le prononce perd. La punition ? Le perdant doit tendre sa tête et l'autre la frotte très fort avec son poing… Ça fait mal.

Stimulé par le défi, le petit est tout de suite partant. Soudain, plus aucun gros mot et le papa oublie, mais pas son fils. C'est ainsi qu'au cours de l'après-midi le papa, parfois, au lieu de dire « Purée ! », dit « P…. ! » et doit tendre sa tête…

Et le but est atteint, il n'y a plus d'écart de langage de son bambin. Le jeu a si bien marché que pendant plus d'une année, à peine jailli de sa porte à dix heures, sa première phrase prononcée fut « Papa, c'est quoi aujourd'hui le mot interdit ? »

Dès qu'il le lui a donné, son bonhomme lui frotte très fort la tête car il ne faut jamais le dire, même pas une fois.

Et la maman, de son côté, à part son obsession des horaires, ne mégote pas trop sur le pull pas rendu, sur des éraflures ou la dent cassée. Un petit adorable et une bonne maman qui – malheureusement ça arrive – considère le père comme inutile. En somme, il a de la chance ce papa-là.

En effet, il faut savoir relativiser. Certains viennent dans les associations de pères raconter des histoires qui, parfois, ont tourné au cauchemar. Quelques cas sont absurdes : ce papa avait sa fille de cinq ans le week-end. Celle-ci, d'un caractère bien affirmé, était intenable cet après-midi-là. Au énième caprice avec cris et crise, le papa n'en peut plus et craque : vlan ! Une énorme fessée. Quelques pleurnichements et le calme revint.

Catastrophe, convocation pour violence sur enfant. L'expert est formel, le bleu était d'une surface de tant de cm^2 : c'est du sadisme. Le papa demanda une contre-expertise. Il fit bien : la superficie du bleu avait-elle diminué ? En tout cas, ce n'était pas la même et ça ressemblait davantage à une fessée. Au surplus il n'en finissait plus de s'excuser le papa, il s'en voulait, il avait tapé trop fort, il le reconnaissait mille fois. Bon, comme il n'avait aucun antécédent, nous supposerons que la juge fut indulgente, du moins il faut l'espérer…

De cette histoire lui revint l'interminable discours de ce papa sur le nombre de cm^2. L'expert et le contre-expert se disputaient dans leur rapport autant que les deux ex-conjoints. Il trouvait absurde que des adultes surdiplômés en viennent presque aux mains pour une histoire de superficie de bleu. Où va-t-on ? Si au moins c'était une exception, mais de tels cas surviennent régulièrement. Certains sont relatés dans les faits divers, comme ce dernier, dans le même registre, où un papa fut condamné à 500 euros d'amende pour une fessée. Nous sommes dans un monde moderne où la correction de nos mioches crée bien des emplois et doit faire augmenter d'un iota notre PIB. Hélas, c'est sérieux, trop sérieux même car la juge déclara que son jugement était exceptionnellement clément. La fessée, en privé quand c'est nécessaire, il n'y a pas à hésiter ; par contre, en cas de séparation, attention : ça peut aller jusqu'à l'incarcération.

Fin de réunion des papas. Non, encore un, le dernier hésite à prendre la parole, il est tard, il est venu avec sa maman, elle a un air triste. Il se lance tout de même, il a les miettes classiques : un week-end sur deux avec ses enfants. La mère ne supporte pas que le père vienne chercher les enfants à l'école le vendredi soir. Par précaution, il a dû se faire accompagner d'un témoin lorsqu'il passe les prendre. C'est dans ce contexte tendu au possible que l'histoire se déroule.

Ce vendredi-là, il arrive à 21h30 avec les enfants. Madame habite au nord de Paris, lui dans le 92 et il s'est pris tous les embouteillages. Il est tard, il leur prépare une soupe rapide. Les petits, énervés, fatigués, réclament des frites. Le téléphone sonne, c'est la mère, il lui passe les enfants. Le garçon prend le téléphone et pleure : « Je veux des frites ! » L'enfant crie, la mère hurle. Le papa reprend calmement le combiné et dit : « Écoute, on est crevés, oui, c'est de la soupe,

27. Tu aurais dû leur faire des frites...

non, je n'ai pas le temps de faire des frites, allez bonne nuit ! » Et il raccroche.

Toute la famille va se coucher, fatiguée. Minuit moins le quart, le portail de l'entrée est fortement secoué, la rue est pleine de gyrophares. Le papa sort en pyjama. Les petits bleus s'engouffrent : « Où sont les enfants, où sont les enfants ? » « Au second étage », répond le papa tout hébété. Cavalcade, lumière, les enfants se réveillent difficilement et ont peur sous l'examen des policiers. L'un d'eux téléphone. Il faut emmener les enfants au centre de… où ils seront examinés par un pédiatre assermenté. C'est à cinquante kilomètres, tant pis, toute la famille doit s'engouffrer dans les véhicules de police, le papa dans un autre que celui des enfants. Trajet, examen, les enfants n'ont aucune séquelle physique, retour trois heures du matin, tout le monde se recouche déboussolé par cette folle équipée nocturne. La maman avait appelé le 17, son « ex » battait les enfants, intervenez tout de suite, au secours, au secours…

Ce soir-là, il y a une vingtaine de papas pour écouter l'histoire. À la fin, un silence. Personne ne sait que dire. Puis un papa, en hochant gravement la tête, conclut :

— Tu aurais dû leur faire des frites.

La mère a-t-elle été sanctionnée pour son appel injustifié de violence ? La réponse, prévisible, déçoit beaucoup : « Non, elle n'a eu aucun reproche, elle a entendu des cris, elle a cru de bonne foi que… » Ce qui est infiniment triste pour ce papa, c'est qu'après d'autres crises du même genre il a abandonné son petit week-end. Trop risqué, la mère à chaque fois faisait un esclandre, ameutait le quartier, hurlait à la violence. Ses témoins se sont lassés et lui, épuisé, a fini par jeter l'éponge. Il paie la pension et, de temps en temps, fait un petit coucou à ses enfants, par-dessus le mur de l'école et pendant la récréation.

Il y a des histoires plus cruelles encore où l'on a peur de comprendre bien que l'on ait compris, comme ce papa paumé arrivé avec son dossier qui lui reste obscur. On regarde, on tombe sur un rapport psychologique : « Le père exerce la simple profession de livreur occasionnel. » Plus loin : « Le père a des difficultés à lire et à écrire », etc. Bref, le rapport n'est pas favorable au père qui n'est pas allé loin à l'école, c'est d'ailleurs précisé. Depuis quand l'amour d'un père se mesure à son niveau de parchemins diplômants ?

Oui, parfois nous tombons sur des cas très laids qui révèlent des préjugés réellement inquiétants envers les pères.

Si, parmi les millions de papas séparés, un sur dix seulement écrivait son long combat face à un système absurde, cela ferait des centaines de milliers de livres. Mais où mettre ces livres-là ? La place est prise par les livres qui font rêver : les romans d'amour.

28. Sinon, je ne reviens plus chez toi !

« Rappelle que chacun des parents a obligation de contribuer à l'éducation de son enfant. Cette obligation ne cesse pas de plein droit lorsque l'enfant sera majeur. »

Ce samedi après-midi, c'est vacances de la Toussaint, le papa et son bonhomme vont au cinéma voir *Turbo*, le petit escargot.

Ils sont arrivés bien tôt, la salle est vide ; ils se dirigent vers le milieu, à la moitié des gradins, bien en face de l'écran.

Assis, le papa regarde les rangées de sièges vides et soudain, pour passer le temps en attendant que la séance commence, une idée lui vient : compter les sièges, ceux-là, au premier rang, en bas du petit groupe à gauche !

Aussitôt dit, aussitôt fait : voilà son petit bonhomme qui court vers la rangée désignée mais il va plus loin, que fait-il ? Il compte tout le groupe, patiemment, lentement puis revient vers son papa en courant et s'exclame : 53 !

Le papa, piqué au vif, se lève et compte aussi les sièges, s'y reprend, arrive au bout, cinquante et les trois derniers, oui 53, brave petit bonhomme ! Ils reprennent leur place tandis qu'un groupe d'enfants s'installe. Les voici tous deux entourés de petites têtes curieuses et babillardes.

Le papa poursuit sur sa lancée, il y a beaucoup de rangées dans la salle, combien, petit bonhomme ?

Mais les autres enfants l'écoutent et se prennent eux aussi au jeu, ça compte de partout. Le papa, sachant l'intérêt des petites têtes pour les nombres, ressort son énigme favorite : oui, il connaît le plus grand nombre, car quand il avait leur âge, il décida un jour de compter jusqu'à atteindre le dernier nombre. Alors il s'est mis à compter tout le temps, même pendant l'école, même pendant qu'il mangeait. Il ne s'arrêtait que pour dormir, mais dès le réveil il continuait là où il s'était arrêté.

Et puis un jour enfin, il a buté sur le plus grand nombre, impossible d'avancer : c'était bien le plus grand. Ça-y-est ! Il l'avait trouvé !

L'effet attendu se produit : les yeux des enfants alentour brillent, émerveillés, et la même question fuse de partout : « Monsieur, dites-le-nous, c'est combien ? Dis-le-nous ! »

À côté de lui son petit bonhomme, les sourcils froncés sous la réflexion, s'écrie soudain : « Moi je sais ! C'est l'infini : parce que l'infini, c'est plein de zéros ! » Mais un autre, plus jeune, dit : « L'infini plus 99 » ; un autre plus grand : « L'infini un milliard » tandis qu'un tout-petit, juste devant, ne cesse de crier : « 56 ! 56 ! »

À chaque tentative, le papa prend un air mystérieux et secoue énigmatiquement la tête : « Non, impossible de le dire, pour le connaître il faut compter jusqu'au dernier ! »

Les yeux des enfants s'agrandissent, ils sont au supplice, ils trépignent : « S'il vous plaît, monsieur, dites-le-nous ! » Le papa est bien embarrassé car comment leur dire que le plus grand nombre c'est l'image même de ces petites têtes étonnées ?

Brusquement l'écran s'illumine, le film démarre.

C'est l'histoire d'un petit escargot qui rêve d'être pilote de Formule 1. Le papa est attentif aux gags ; lorsqu'il en pressent un, il regarde en coin le visage de son fils rivé à l'écran, il le voit sourire, imagine le flot d'images hilarantes entrant dans ce petit cerveau et y provoquant soudain ces saccades de rires. Son regard parcourt la rangée, tous ces petits visages attentifs tendus en avant ; puis soudain, la grande vague de joie synchrone secoue la pénombre. Que c'est beau ! pense le papa, oui, le signe du nombre, il est bien là, sous ses yeux.

Le film s'achève sur la victoire de Turbo, le petit escargot. Main dans la main, les voilà tous les deux sortant du cinéma puis traversant le centre-ville. En passant devant une boutique genre bazar, le papa sent son bras se tendre, son petit bonhomme veut entrer. À l'intérieur, au rayon jouets, la petite main essaie d'atteindre un de ces sacs remplis de soldats en plastique, *made in China*. Le papa décroche le sac, son poulain est ravi, il va pouvoir jouer à la guerre, comme il le dit : « Papa, j'adore la guerre ! »

Hélas, en se dirigeant vers le comptoir pour payer, le papa verra un autre sac avec moins de soldats mais plus de matériel de guerre. Hésitant, il le décrochera, son fils, enthousiaste, dira : « Celui-là aussi, papa, celui-là aussi ! »

Le papa dira non : « C'est l'un ou l'autre, d'abord les petits soldats et si tu joues bien à la guerre, on prendra l'autre. » Le petit est déçu et tout en trimballant son sac en plastique, il revient constamment à la charge : il veut les autres soldats. Le papa répond gentiment non, lui explique pourquoi, tente de changer de sujet mais rien n'y fait : au bout de quelques phrases, son poussin têtu tire sur son bras : « Papa, on va chercher les autres soldats ! »

28. Sinon, je ne reviens plus chez toi !

Les « non », du papa sont toujours aussi gentils quand soudain, le registre change : « Papa, on va acheter les autres soldats, sinon je ne reviens plus chez toi ! »

Le papa fait comme s'il n'avait pas entendu mais il est bouleversé. La petite voix menace, encore et encore. Le papa hésite, il s'imagine déjà rebrousser chemin, acheter le second sac et son poulain sourire, content ; mais quelque part, obscurément, il sent que ce serait là une bifurcation sans retour, une porte ouverte à bien d'autres « chantages ».

Ils attendent tous les deux le bus, le petit n'insiste plus, le papa est triste.

De retour à la maison, le sac déchiré, les soldats positionnés sur la table de la salle à manger, le papa constatera qu'en effet son petit bonhomme adore la guerre. Les hommes en plastique vert aussitôt morts n'en finissaient pas de ressusciter sous les onomatopées postillonnantes de son bambin. Tasse de café à la main, le papa joue le rôle du stratège et lui prodigue de temps en temps des conseils de bon sens : les soldats devaient se cacher pour éviter le massacre…

L'heure de ranger, l'heure bientôt d'y aller. Le papa trouva une grande boîte pour les hommes en plastique. En les rangeant, son petit poulain verra que la boîte est bien grande. Le papa confirmera qu'en effet d'autres soldats viendront bientôt et son petit sourira.

Au retour, en sortant de voiture, le papa, avant le bisou, prendra son petit bonhomme entre quatre yeux. Il lui rappellera son chantage et lui expliquera qu'il y a des choses à ne pas dire. Son petit garçon le sait bien, il lui demandera pardon avec un gros bisou à la clef. Ouf ! Le papa venait d'échapper au piège du papa-jouet, du papa cadeau. Car ils sont nombreux, les papas à glisser dans ce piège. Comment compenser le manque de temps avec ses enfants ? Alors les cadeaux pleuvent et c'est le cercle vicieux...

Réunion de papas : trois d'entre eux se regardent souvent tant ils sont étonnés. Un concours de circonstances fait qu'ils ont vécu une histoire semblable. Tous les trois ont giflé leur adolescent en crise et s'ils viennent en parler, c'est que c'est grave.

En effet, si un (ou une) adolescent(e) veut sortir le soir ou exige le tout dernier Smartphone avec menace de ne plus aller à l'école et que le ton monte ainsi que les mots, une gifle peut soudain voler. Au sein d'une de ces familles, bientôt minoritaires, vivant en couple solidaire, l'ado qui a dépassé les bornes rentre aussitôt dans le rang. Mais en cas de parents séparés aux relations tendues, l'ado sermonné et vexé va avoir la tentation bien naturelle de jouer un parent contre l'autre. C'est terrible car, sans le savoir, il entrouvre la porte de tout un système étatique qui vit de ces conflits. C'est l'irruption de l'État dans une banale correction d'adolescent en crise.

Pour l'un de ces trois papas, son ado a envoyé un SMS alarmant à sa mère : « Papa nous frappe ! » Elle téléphone à la gendarmerie, qui arrive à la résidence du père. S'ensuivent les constatations des moustachus sérieux : oui, la joue est rouge, l'ado pourtant s'est excusée, elle est en train de regarder la télé... Mais la mère arrive, affolée, elle veut reprendre ses enfants, le père cède. Elle portera plainte pour violence sur enfant et le papa peine à avoir le rapport des gendarmes. Que peut-il faire ? Il va être convoqué, la date approche.

Pour le deuxième papa, c'est plus grave, il est convoqué en référé (urgence) car dans la plainte la gifle s'est transformée en coup de poing... Pour le troisième, c'est trop tard et plus triste : l'État s'est déjà engouffré dans la brèche et en face de la

28. Sinon, je ne reviens plus chez toi !

juge, le papa a refusé de se mettre à genoux ; pire, il a déclaré « Je ne suis pas de la génération qui obéit à ses enfants. » Sanction pour violence sur deux ados : visite en centre médiatisé deux heures par mois pendant un semestre.

Ce papa refuse d'aller leur rendre visite dans ce centre tandis que ses enfants, qui ont confirmé la plainte de la mère, l'inondent de textos : « Si tu t'excuses, on revient. » Le papa ne répond pas. Cet homme est infiniment triste mais reste drapé dans son honneur. Ses enfants étaient rivés à la télévision, c'était la finale de foot, ou peut-être de tennis peu importe, lui avait programmé une sortie, les billets étaient réservés. Ils ont refusé, le ton est monté, la gifle, la plainte et l'intrusion de l'État. S'il s'excuse, il les reverra mais sera désormais leur subordonné. Il a une petite larme à l'œil, il gardera un bon souvenir de ses enfants, il s'en est tant occupé quand ils étaient petits ! Maintenant, c'est fini. Le centre rendra son rapport et la mesure sera rapportée : père violent et négligent. Les ados, bientôt majeurs, coupés de leur branche paternelle, diront certainement que leur père est un connard. Histoire triste et banale d'une de ces soirées.

Lorsque, avec Anatole, ils tombent sur des groupes d'adolescents pétaradants sans casque, ou fumants et gesticulants, le papa lui dit : « Tu vois, vers douze ou treize ans, tu deviendras comme eux, c'est l'âge bête, ils veulent faire comme les grands mais ne le sont pas encore, ça rend bête. »

En lui tendant la main, le fils le rassure : « Papa, quand j'aurai douze ans, je ne serai pas bêbête. » Il l'a répété à plusieurs reprises, peut-être qu'il s'en souviendra ?

29. Votre enfant vous manque ? Achetez-vous un chien !

« Madame X épouse LANDROY sollicite une contribution à l'entretien et à l'éducation de l'enfant conformément au barème établi par le ministère de la Justice. »

Parmi toutes les affaires de ces milliers et milliers de papas, il y a aussi celle du papa d'Anatole. Elle n'est pas plus absurde que les autres. Elle mélange la non-considération du système envers l'une des parties et des dysfonctionnements à répétition. Cela aboutit souvent à une impasse, c'est son cas. Tous les protagonistes bottent en touche et le ballon – l'enfant – n'entre jamais dans les buts du papa, qui ne cesse de réclamer son « samedi ET dimanche ».

Madame, représentée par son avocate, avait fini par vendre la maison avec une forte plus-value, le prix de l'immobilier ayant doublé. Sa robe noire fit alors pression pour achever le divorce en apportant à Madame la cerise sur le gâteau : la prestation compensatoire. Il fallait en profiter, cela n'existait qu'en France. Les associations d'aides aux papas nomment – en interne – cette discrimination inouïe, l'« impôt zizi » car dans l'autre sens c'est l'exception qui confirme la règle.

Son avocate d'alors ne cessait de lui soutenir qu'il n'aurait pas d'« impôt zizi ». C'était son dernier souci au demeurant, leurs rémunérations étant très proches — en fait, supérieure pour elle si on lui ajoutait la pension alimentaire et ses impôts très allégés au vu de son statut de femme seule avec enfant.

C'eût été donc du dernier piquant qu'elle puisse beurrer la tartine des deux côtés et sur les bords aussi. Non, son souci c'était sa sempiternelle requête « samedi ET dimanche ». Il avait inondé son avocate de lettres et courriels à ce sujet, mais cette dernière, dont il sentait que ce n'était pas la priorité, l'avait finalement supprimée de ses « conclusions ». Vu avec ma consœur, dit-elle, et arrêtées. C'est là le piège : une fois les conclusions dites « arrêtées », le SJ fixe une date pour prendre dépôt des deux parties et alors impossible de revenir dessus. Elles sont supposées refléter les demandes du client et non pas les connivences, complaisances et compromis d'entre robes noires.

C'est ainsi que le jour fêtant l'appel du 18 Juin, près de quatre ans après l'ONC, il monta la garde devant la porte d'un de ces petits bureaux de répudiation des pères où son avocate devait remettre ses conclusions. Elle fut contrariée de le trouver là, c'était juste un dépôt, le père n'est pas nécessaire. Revérifiant et constatant que son fils n'en faisait pas partie, le papa lui interdit d'aller plus loin et d'entrer dans l'antre à répudiation automatique. Mais la porte infernale s'ouvrit et une petite dame les invita à entrer. Enfin il avait devant lui la concrétisation physique de l'indifférence tranquille envers les pères. Évidemment, vu les années à patienter, il y alla de tout son laïus. Étrange scène, à méditer. Une dame derrière son petit bureau tendait les bras pour saisir le dossier d'une robe noire tandis que le papa y faisait obstacle. Lui adjurait les deux femmes de prendre en considération l'enfant, la paternité, l'humain quoi, l'humain avant le pognon car ce que veut saisir la juge, ce n'est qu'affaire de sous.

La petite dame se pencha, agrippa le dossier et aussitôt les congédia. Sa robe noire s'en alla furieuse, il avait mis en cause son travail alors qu'elle était fière de son paragraphe sur l'inutilité d'un « impôt zizi ». Il resta à la porte ; la magistrate ne faisait plus attention à lui, elle avait son dossier qu'elle compulsait vaguement tandis qu'il continuait ses supplications. Avec de petits gestes, elle lui fit signe de partir tout en marmonnant un « Si vous ne l'avez pas assez, votre fils… prenez un animal ».

Son avocate, dont il avait commis l'erreur de la payer intégralement avant la remise des conclusions, lui annonça par courriel qu'il ne faisait plus partie de ses clients et qu'elle tenait son dossier à sa disposition afin qu'il vienne le récupérer. Elle avait trouvé son attitude déplacée, elle n'avait rien à se reprocher et considérait qu'elle avait fait un excellent travail.

Quelque temps plus tard, il reçut la confirmation par un papier de la JAF. Toutes les avocates qu'il avait pu observer se précipitent à la dernière page dès qu'elles ont entre les mains un papier du système, il fit de même :

« Dit n'y avoir à statuer, dans le cadre de la présente procédure en divorce, sur l'enfant Anatole né le… 2007 à… »

« Ordonne la liquidation des intérêts patrimoniaux des époux ».

Tout est dit : le « family-business », affaire familiale en français, c'est les sous d'abord, ensuite les sous, enfin les sous.

Son histoire ne diffère pas de celle des autres papas naïfs. Parfois, lors de certaines soirées il avait été écœuré quand les récits ne parlaient que de gros sous et que plusieurs papas s'étaient bien fait avoir. Quels pigeons ! songeait-il ; et d'ailleurs d'autres pères leur disaient carrément : « Mais tu t'es fait complètement plumer ! » À ces papas tristes, dépouillés et endettés de prestations compensatoires de 100 000, 200 000 euros, il avait envie de dire « Soyez plus rusés, bon sang !»

29. Votre enfant vous manque ? Achetez-vous un chien !

Ce samedi, son bonhomme dans la voiture est fébrile : son papa-pigeon lui a annoncé une nouvelle qui l'impatiente. Ils ont rendez-vous à Paris, chez la gardienne d'un immeuble. Il discutait souvent avec elle de ses petits chiens qu'elle ramenait de son Portugal natal... Le papa-pigeon a soudain eu un déclic en se remémorant la dernière phrase de la petite dame le congédiant de son bureau. Que lui avait-elle conseillé ? Mais oui, de prendre un animal… Eh bien ne vous en déplaise, Madame la juge, voilà qui sera fait ! En voyant la petite touffe de poils blancs, il a dit oui à la gardienne : que peut faire un pigeon à part donner le petit coup de bec dérisoire ?

Tandis que son fiston découvre le petit chien, il paie la gardienne et les voilà repartant à trois. Dans la voiture, le minuscule chien veut grimper sur les genoux de son fils et lui lécher le visage, il a besoin d'amour, c'est un bébé. Le papa dit à son petit bonhomme qu'il faut lui trouver un nom. « Tiens, qu'en penses-tu, si on l'appelait JAF ? Ça lui irait bien, non ? » Le petit crie « JAF ! JAF ! » et la boule de poils d'aboyer. « Tu as une autre idée ? » « Non papa, JAF c'est bien. » Tout l'après-midi dans la cour, la monosyllabe JAF retentira. C'était un petit garçon qui jouait à la balle avec son bébé chien. À dix-huit heures désormais, le petit bonhomme insiste pour que JAF monte dans la voiture. C'est un peu de l'univers de son papa qu'il conserve jusqu'au domicile de sa maman.

JAF est de race inconnue et ne grandit pas. JAF a des oreilles aussi grandes que lui et aime à mâchouiller les câbles informatiques. Le fil de la souris y est passé, celui du téléphone et du chargeur du Smartphone aussi. JAF n'est pas propre, JAF vous saute en permanence dessus pour vous lécher. JAF est un bon petit chien mais JAF, Madame la juge, ne remplacera jamais mon fils.

30. Je veux un train électrique et un papa

« Autorise M. LANDROY à prendre son fils le dimanche 25 décembre 2012 toute la journée. »

Enfin ce sacré samedi de mi-novembre arrive, que c'est long deux semaines ! Je franchis les deux Digicodes que j'ai fini par deviner (Anatole me les cachait mal). Je sonne. Paroles et bruissements derrière la porte. Enfin, celle-ci s'ouvre et mon poulain en surgit avec un immense sourire et... une dent en moins. Il a un air un peu espiègle, il grandit trop vite, bientôt huit ans. Je sens qu'en lui un grand changement est en cours, un « sea-change » comme disent les Anglais. Dans l'ascenseur, il me pointe en grimaçant son trou de dent, m'expliquant que la souris est passée et que sous son oreiller, il a découvert en se réveillant une belle pièce d'un euro. Il se sent important, il me dit fièrement qu'il a une tirelire avec dedans sept euros !

Arrivé à la voiture, il découvre à l'arrière, sur les sièges rabattus, son vélo bleu. « Où on va ? Qu'est-ce qu'on va faire aujourd'hui papa ? » C'est l'âge, depuis quelques samedis il veut le programme de la journée. « On va au grand magasin de vélos pour qu'il révise le tien : ensuite, maison, on déjeune et cet après-midi, médiathèque, il faut rendre ton livre ; et si on a le temps, piscine ! » Deux mois que nous n'avons pas rapporté ses BD, j'ai des lettres de rappel ; il ne les aura une fois de plus pas lues, tant pis.

Pendant le trajet, je lui demande de préparer sa liste pour le Père Noël. Il me rétorque que le Père Noël n'existe plus, c'est sa maman qui le lui a dit. « Fais ta liste, on verra bien. » Bon, c'était trop beau : à cinq ans, sur une feuille A4 d'imprimante, il avait écrit au Père Noël d'une écriture bâton toute penchée et raturée « je veu un train electic é un papa ». J'ai conservé la feuille, c'est fini, tant pis.

Devant le grand magasin je sors le vélo, nous marchons, et ça y est, enfin il me prend la main, que ça fait du bien ! J'ai remarqué ce phénomène que tous les « sous-papas » observent : à chaque fois que je vais le chercher, vu l'intervalle de temps trop grand, pendant la première heure il est un peu distant. Puis sa voix redevient naturellement claire, cristalline. Balayés les quinze jours d'absence, son papa est là et il lui tend sa petite main ! Devant l'entrée, de grosses boules de béton blanches. Il m'annonce qu'il y en a vingt et une. Je les compte ; mais c'est qu'il a raison, vingt et une boules ! Je les lui avais fait compter six mois plus tôt en allant acheter son vélo : quelle mémoire ! Une heure d'attente pour la révision du vélo. Nous déambulons à l'intérieur du magasin. Il fait une fixation sur une petite coupe du monde dorée qu'il veut que j'achète. Il insiste. « C'est pas cher papa, cinq euros ! » Je sais que je dois tenir un petit temps, si je résiste, il lâchera : je le connais bien, mon bonhomme. Nous tombons sur le rayon des ballons, il en prend un et dribble très bien. Il fait du futsal à l'école entre midi et deux, je le savais, j'en vois les effets. La coupe est oubliée mais il me fait le même coup avec le ballon.

« Tu en as assez à la maison, allons voir ton vélo. » Pas encore prêt, nous patientons. Dans l'atelier, il compte les plateaux dentelés des roues arrière des vélos : pour lui, plus il y en a, plus le vélo va vite…

En patientant je songe au jour d'avant, le vendredi. J'étais à l'île de la Cité, en face du grand Palais de justice de Paris. J'avais rendez-vous pour une réclamation d'honoraires avec ma dernière avocate, vous savez celle qui n'a pas fait figurer mon fils dans ses conclusions. Alors j'ai protesté, réclamé. Me voilà introduit dans une grande pièce où trône un immense bureau. Je m'assois. En face de moi à deux mètres, une dame toute recouverte d'un tissu noir avec une sorte de bavette blanche sur le devant. J'éprouve pour elle de la compassion, je me force à ne rien laisser paraître car son accoutrement ridicule me saute aux yeux, ce n'est qu'un vernis, un décor, tout se joue dans les coulisses. À sa gauche, un petit tas de papiers : mes revendications ; à sa droite, un grand tas : les papiers de mon ex-robe noire qui m'a congédié. La dame tout en noir me demandera à combien d'heures j'estime le travail de mon avocate tout en énumérant les notes de celle-ci : « Rendez-vous, téléphone, déplacement, etc. : dix heures. Le contestez-vous ? » Je hausse les épaules : « Oui, bon, à peu près oui, mais j'ai moi aussi passé au moins dix heures à corriger, à structurer ses textes… » La dame ne tient pas compte de ma remarque et me signifie que pour elle, l'entretien est fini. Je lui parle du contenu de ces heures, de mon affaire. Mais elle ne fait que des additions, elle ne veut rien savoir. J'insiste, je veux un peu d'éthique dans sa profession, je lui laisse même le choix, à l'autre : quelques milliers d'euros à rembourser, ou une lettre d'excuses : « Je promets désormais d'exercer ma profession avec dignité, morale, humanité, etc. », bref, qu'elle respecte son serment, quoi ! Ça me suffira, qu'elle garde ses euros, elle a mis un caillou blanc, la souris n'y a vu que du feu mais qu'elle s'en excuse au moins ! L'additionneuse trouve ma proposition déplacée et me remercie avec un « On vous tiendra au courant ».

En sortant de cette annexe du Palais, je repense au tas de papiers de mon ex-avocate. Ce n'est pas son porte-monnaie qu'elle défendait mais bien celui des robes noires. En effet, les deux tiers de ce tas étaient des pièces adverses complètement inutiles à l'additionneuse. Mais quelles preuves : les deux avocates (l'ancienne et la nouvelle de mon ex-épouse) ont ajouté des lettres disant pis que pendre sur moi. « Monsieur n'est pas content de son sort, il est agressif, il écrit partout, il abaisse notre profession, etc. » Non, mesdames, je n'abaisse pas votre profession, j'essaie au contraire de la relever, j'essaie de vous faire prendre conscience que vous vous faites de l'argent sur la souffrance d'un enfant. Je leur ai dit, écrit que nous n'étions point du même monde.

Car enfin, j'ai payé près de trois mille euros à la mienne et de l'autre côté, les deux adverses ont reçu chacune au moins la même somme que mon ex-épouse leur reversait de ma pension alimentaire. Bref, près de dix mille euros pour avoir mon gamin samedi ET dimanche. Je sais, vous m'avez répondu oralement « C'est votre point de vue, monsieur ; nous, nous nous conformons aux souhaits de notre cliente ». Ces deux, non, ces trois-là, non, ce clan, cette secte, cette hydre noire en expansion se lient comme les doigts de la main dès qu'il est question d'argent.

Mon bonhomme a récupéré son vélo aux roues bien regonflées et slalome entre les boules de béton. Il me dit qu'à la maison il va mettre de l'huile sur les pignons, il n'a que trois plateaux : « C'est pour aller plus vite, papa. »

Retour à la maison pour déjeuner. JAF n'aime pas ses croquettes, il veut des rillettes et mon bonhomme a eu le tort de lui en donner par-dessous la table. Dressée sur ses deux pattes arrière, la petite boule de poils blancs, n'arrête pas de japper. Après le repas, ils s'amuseront tous les deux. JAF aime bien aller rechercher la balle, il ne s'en lasse jamais. JAF aime bien mordiller puis déchiqueter les coussins, les chaussures, enfin tout ce qui est à sa portée. Ce serait un bichon havanais, selon internet. JAF crotte un peu partout, JAF ne grandit pas et est toujours dans mes pattes, réclamant sans cesse des caresses. Je l'aime bien, merci Madame la juge du conseil.

L'après-midi, ce sera la course pour aller à la médiathèque et à la piscine. Je rendrai sa bande dessinée *la Nuit du visiteur* qui lui fait si peur et je lui en prendrai une autre : celle-là non plus, il n'aura pas le temps de la lire. À la piscine, on jouera à s'éclabousser et papa déclarera souvent forfait. Puis on s'amusera avec l'eau qui chatouille, un puissant jet d'eau sortant d'un des murs de la piscine. On se colle contre et on garde la place parce que d'autres gens veulent s'y mettre. Tu m'en pousseras souvent et je ferai de même, pour avoir cette bonne place. En rentrant, tu auras la fringale et le goûter se transformera en souper. La petite fille de ton âge que tu réclamais arrivera en soirée. Tu commenceras avec elle un puzzle trop grand puis tu voudras jouer avec elle à « la bonne paie », ce jeu que le Père Noël t'avait apporté l'année dernière quand tu croyais encore en lui. Tu t'agripperas à ce jeu que tu adores mais le papa, vu l'heure, vous fera jouer au « Uno » : c'est moins long. La partie bâclée, il faudra rentrer. La petite fille, le lendemain, le dimanche, téléphonera plusieurs fois chez le papa car tu lui avais dit que tu reviendrais. Je crois qu'elle est un peu amoureuse de toi.

Nous aurions dû partir plus tôt, nous avons été pris dans un gigantesque embouteillage à un kilomètre à peine de chez ta maman. Deux heures à discuter ensemble. Mon Smartphone étant déchargé, j'imaginais les messages furieux qui devaient s'accumuler... Deux heures d'échanges où tu m'as étonné, c'est le « sea-change », tu entrais dans les mers profondes où l'on s'interroge. Tu m'as parlé de la mort, tu ne voulais pas que les gens meurent. « Et ton papa, il va mourir ? » — « Oui. » — « Et ta maman ? » — « Oui. » — « Et toi ? » — « Non. » — « Et tes copains ? » — « Non. » Brave petit gars, cap en haute mer avec escale tous les quinze jours chez papa.

Ça n'avançait vraiment pas, il pleuvait, il était tard et le véhicule de devant ne faisait que changer de file, ça ralentissait encore plus. Ensuite, la conversation se poursuivant, tu m'as annoncé fièrement que tu connaissais un nouveau gros mot appris à la cours de récréation « c'est... popotin ! » Ton papa a souri. Oui, c'est un joli gros mot. Mais ce n'est pas le plus gros, tu le sais bien, tu as vu sur internet le match de foot avec Zidane contre les Italiens, hein ? En effet, pendant sa période foot je lui avais montré la Coupe du monde, la France allait gagner, des milliards de gens regardaient et tu vois, là, c'est le plus fort du monde, c'est Zidane. Et boum ! un coup de tête dans l'autre joueur et tout s'arrête, et on perd. Sur YouTube, mon petit avait bouclé des dizaines de fois sur le coup de boule. « Papa, pourquoi Zidane il fait ça ? » Mais pardi ! parce que l'autre lui a dit le plus gros mot du monde. Parce que le plus gros mot du monde il est italien et Zidane, il comprend l'italien. « C'est gros popotin ? zizi ? zézette, prout ?... » À chaque fois le papa pouffe, l'air de dire « Oh là là ! Bien plus que ça ! » —« C'est quoi papa ? » — « C'est : Va fan culo ! », c'est le plus GROS mot du monde. Et le papa qui en a marre que ça n'avance pas, baisse sa vitre et hurle au véhicule devant : « Va fan culo !!! » Puis il se retourne vers son fils et lui dit « Tu vois, il ne comprend pas l'italien, sinon il serait sorti tout colère de sa voiture et aurait tout cassé, il aurait mordu nos pneus de rage, aurait arraché le rétroviseur, serait monté sur le toit en hurlant et en cabossant tout… Mon petit bonhomme est tellement plié de rire qu'il en glisse de sa ceinture et se roule sur le siège avant. Alors tu vois, le Zidane il était tranquillement en train de jouer, et voilà l'autre qui passe et qui lui dit le plus gros mot du monde, alors Zidane, hein, Zidane, boum ! Et tous les autres qui arrivent et qui pleurent en lui disant « Mais, mais pourquoi t'as fait ça ? » et le papa de prendre un accent marseillais et d'imiter un Zidane à la Fernandel : « Bin il m'a dit : Va fan culo ! Bin, eh ! C'est pas poli ! » Le petit est presque sur le sol tant il se roule de rire : « Encore papa, encore ! » Le papa répète, améliore son accent et met les gestes tandis que son bonhomme carillonne à tout va de rire. Ça sonne énorme, c'est un rire gigantesque qui n'en peut plus de monter aussi haut. Les « Va fan culo ! » autour de Zidane ne n'arrêtent plus et lui, à chaque coup de boule, s'excuse platement en hochant gentiment la tête tout en recommençant aussitôt. Il fait nuit et au travers des vitres tracées de pluie des autres voitures à l'arrêt, des silhouettes intriguées nous observent : mais pourquoi est-ce qu'ils rient autant, ces deux-là ?

Parce que c'est bientôt la haute mer et la mort ne peut rien contre ces instants-là.

31. Les drames de la séparation

« La mère sollicite une enquête sociale ou une expertise médico-psychologique, ce qui ne s'avère pas nécessaire en l'espèce. »

Je me souviens d'un fait divers, lu il y a bien longtemps, une dizaine d'années au moins, que je n'avais pas compris à l'époque ; j'étais idiot et je ne pouvais m'imaginer ce qui allait m'arriver.

C'était, je crois, dans l'est de la France, sous le titre, « Drame de la séparation », le petit encart poursuivait : « Un homme tue le serrurier, l'huissier et sa femme puis se suicide. » À l'époque, je m'étais dit que quatre morts pour un appartement, c'était tragique ; je songeais surtout au pauvre serrurier. Absurde…

Aujourd'hui, tout s'éclaire. Pour ce gars, chez lui c'était son foyer et il n'acceptait pas le réflexe du système judiciaire : « Madame la maison, Monsieur la pension. » Madame devait prendre possession du domicile, un papier du système lui en donnait le droit, elle l'a fait valoir à un huissier et fait venir un serrurier qui ne savait pas qu'il allait mourir…

J'ai été sensibilisé à ces carnages familiaux dans une autre association, plus petite et qui cherchait à démontrer qu'un grand nombre d'hommes se suicident suite à une séparation. En effet, sur près de 11 000 suicides annuels, les deux tiers concernent des hommes et la moitié d'entre eux sont en cours de séparation. Mais à quel point les deux sont-ils corrélés ? Si c'est la cause première alors cela ferait environ 3 600 suicides dus aux conséquences d'un divorce qui tourne mal, soit dix hommes par jour. Quelle hécatombe !

L'organisme qui compile les suicides étant peu disert sur les causes, d'une part parce qu'elles ne sont pas explicitement écrites, et d'autre part parce que ce sujet est sensible, il fallut prospecter. Plusieurs papas de cette petite association ont donc cherché à chiffrer au mieux leur hypothèse en épluchant sur internet toutes les causes de suicides avec les mots clefs « drame familial », « drame de la séparation », « suicide d'un père de famille », etc.

Toutes ces recherches ont fini par payer et des milliers d'articles furent remontés, brochés et affichés. Hélas, mille fois hélas, parmi ces articles à peine un sur cent était un « mono-suicide ». En effet, un suicide fait rarement un fait divers, c'est trop courant. Seule exception ; le cas de ces deux pêcheurs en Bretagne qui, au cours d'une sortie par mer forte, se sont jetés ensemble à l'eau et ont refusé les bouées. L'article évoque pudiquement qu'en pleine phase de séparation, ces deux pères de famille n'auraient vraisemblablement pas supporté leur situation.

Si des milliers d'autres suicides parviennent jusqu'aux médias, c'est que le suicidé n'était pas seul. Et c'est là une liste de carnages des plus sanglants jamais vus, au point que le papa qui avait commencé cette enquête abdiqua : « J'arrête, c'est abominable, j'en déprime. »

Et il y a de quoi. Il y en a trop, comme ce policier de la Région parisienne qui tua sa fille de quatre ans avant de retourner l'arme contre lui. Le même jour, à seulement quelques kilomètres de là, un autre père fit de même, son enfant avait trois ans. Ce qu'il y a d'écœurant dans ces milliers d'articles de presse, c'est la répétition. Toujours les mêmes phrases : « Un père de famille se pend après avoir tué ses deux/trois enfants », « Un père de famille tue sa femme et ses deux enfants au fusil de chasse puis retourne l'arme contre lui », etc. Et ça continue, à l'arme blanche, en allumant un incendie, en étouffant sous l'oreiller les plus petits, et cætera, et cætera. Cela n'arrête pas et au bout du centième article, vous arrêtez de lire : trop macabre.

Depuis que ces papas ont cessé de récolter ces articles lugubres, la liste, elle, ne s'est pas arrêtée, chaque semaine l'un de ces faits divers émerge d'une région de France. La probabilité pour que vous lisiez dans les semaines à venir qu'un père s'est jeté de tel étage ou s'est trucidé avec son ou ses enfants est de 100%.

En fouillant dans les lignes de ces funèbres articles, peu à peu émergent des constantes : de fréquentes disputes à la remise des enfants, la garde se passait mal…

L'un d'entre eux m'a particulièrement touché. Des pères, la première fois qu'ils viennent, posent cette étonnante question : « Elle m'a dit qu'elle avait tous les droits ; c'est pas vrai, n'est-ce pas ? » Là, il y a des raclements de gorges gênés, on ne sait trop comment les mettre au courant, les nouveaux papas…

C'est ce qui a dû se passer avec ce capitaine de gendarmerie. C'est un beau dimanche et son ex-femme emménage dans un appartement. Lui est venu parlementer, regagner un peu de terrain sur la garde des enfants, vu ce que donne aux pères le système judiciaire. Les enfants, justement, sont en bas, en train de prendre des affaires dans la voiture de leur maman. Quand ils arriveront en haut, ils trouveront deux corps sans vie. Que s'est-il passé ? On peut l'imaginer. Le capitaine de gendarmerie représente l'autorité, il a l'habitude de commander mais là, en face de lui, le rapport de forces est totalement inversé. L'homme peut réussir sa vie professionnelle mais pour sa vie privée, sa vie de famille, il n'a pas son mot à dire, il n'en est que le figurant tacitement toléré. Que lui a-t-elle dit ? « J'ai tous les droits» ?, « Je n'accepte aucun ordre de toi » ? Peu importe sa dernière phrase, lui a son arme de service et c'est le coup de sang. Devant ce qu'il vient de faire, il ne réfléchit pas et la retourne contre lui tandis que leurs enfants montent l'escalier. Encore un fait divers…

Ces carnages, ces suicides sont le reflet d'un ordre naturel perdu. Le chef de famille est à jamais révolu. Aujourd'hui, c'est une dame dans un petit bureau qui va décider, avec parfois les meilleures intentions, de l'avenir de ce dinosaure qu'est l'homme. Décision si déséquilibrée que si l'on y ajoute du mépris, l'humiliation et le désespoir, parfois, pour les plus fragiles, des réflexes venus du fond des âges refont surface. C'est horrible, inexcusable mais facile à comprendre. L'homme n'a pas changé alors que la société, elle, a définitivement tourné la page et ce qu'il considère comme aller de soi, sa paternité, n'est que tolérée. Ses enfants ne lui appartiennent qu'avec l'accord de l'autre partie. Lorsqu'il le découvre, c'est le choc sans retour car la société ne cesse de lui coller une image d'autorité, de pouvoir, voire d'abus alors que soudain, il réalise qu'il n'en est rien. Mais ce n'est pas la faute des dames dans leurs petits bureaux : elles, elles appliquent le droit. Ce droit n'est plus en faveur des hommes mais qu'y peuvent-elles ? Elles ne sont pas coupables des carnages en série résultant de leurs décisions. C'est ainsi que chaque année, « dans l'Intérêt supérieur de l'enfant », des centaines de petits innocents sont tués, des milliers se retrouvent orphelins d'un père suicidé, et des millions en sont privés.

Pour en revenir à l'enquête initiale qui a révélé l'ampleur du carnage, un consensus s'est fait à force d'extrapolation et de croisements. Sur 3 000 à 4 000 hommes séparés et mettant fin à leurs jours, un quart de ces drames seraient fortement liés à la séparation. Cela ferait entre deux et quatre hommes chaque jour, peu importe le nombre exact : la séparation tue bel et bien.

Macabre décompte : une femme meurt tous les trois jours sous les coups de son conjoint tandis que trois hommes se suicident chaque jour suite à un conflit de séparation.

Les papas remarquèrent que dans leur liste de milliers de carnages, un seul article mentionnait une mère ayant tué ses enfants pour un problème de garde.

Préoccupante civilisation qui passe sous silence ou du moins s'accommode de ses ravages familiaux et de ses suicides qui font ou feront bientôt plus de morts que les 5 000 morts annuels de la route !

Un massacre familial par semaine en France, un par jour en Europe et tous les combien dans le monde ?

32. La justice rêvée de papa

« Aucun élément ne justifie que l'exercice de l'autorité parentale soit confiée à la mère seule. »

Un soir, à l'époque du premier papa sur une grue, le papa d'Anatole mangeait un sandwich dans la cuisine, il écoutait la radio. Vu le sujet brûlant, un vieux JAF était monté à la barre, il était tout ouïe quand le journaliste posa la question taboue : « Ne pensez-vous pas que votre profession soit un peu trop féminisée ? » Il entendit le vieil homme répéter des « Pas du tout, pas du tout », éludant la question tout en enchaînant sur le travail des femmes pendant la Première Guerre mondiale. Il avait peut-être un début d'Alzheimer, ce monsieur ? Peut-être que c'était un juge à la retraite ? En tout cas, le papa eut du mal à finir son sandwich : quelle sacrée propagande ! pensa-t-il. De la denrée à pigeons, et ça marchait.

Enfin, cette égalité tant claironnée partout, mettons-la en pratique, il restera un obstacle majeur, le vieux réflexe de répudiation automatique : Madame l'enfant, Monsieur la pension.

L'égalité, rêvons de l'appliquer là aussi : le parent qui ne respecterait pas le juste milieu en paierait le prix fort. Il se désintéresse de l'enfant, ne le voit plus ? Eh bien qu'il paie ! Il s'accapare trop l'enfant ? Derechef même sanction. Trop ou trop peu, les extrêmes coûteraient si cher qu'ils seraient l'exception à la règle.

Ce nouveau système serait d'une efficacité redoutable. La parité enfin appliquée au système judiciaire : plus de dame qui, en huis clos, dans son petit bureau, vous transforme en « papa McDo » ou vous marmonne d'acheter un chien. Non, ce serait dans une grande salle avec son duo de juges homme ET femme qu'on renommerait en JDE : Juge des droits de l'enfant. En outre, cette salle serait libre d'accès pour le public et on conseillerait fortement aux futurs couples tout énamourés d'y faire un tour, d'écouter afin de prendre conscience de leur engagement. Le spectacle des ménages se chamaillant les projetterait dans leur propre futur. Ils verraient que les griefs et vétilles de part et d'autre ne recueilleraient devant les deux sages qu'un silence agacé. Les deux juges finiraient par taper du poing : « Vos chamailleries ne sont pas de notre ressort : vous êtes priés, chacun, d'apporter un solide projet pour l'avenir de vos enfants sachant qu'ils ont besoin de leurs deux parents. Celui ou celle qui s'opposera au meilleur projet sera sanctionné, voilà, c'est terminé, au revoir. »

Le couple en litige ressortirait de la pièce des sages paritaires déçus et songeurs. Non seulement leurs ressentiments, leurs querelles n'intéressent pas la justice mais au surplus on les oblige à un projet devant donner accès à l'autre parent sous peine de sanctions redoutables… Sous la pression, dans bien des cas ils se verraient forcés de communiquer et prendraient graduellement conscience que, finalement, leur guéguerre est puérile et que leurs projets se ressemblent… Bon nombre de couples ne se représenteraient plus et ressortiraient de cette épreuve consolidés.

La marge de progrès du système judiciaire est immense. En effet, cette administration passe la moitié de son temps à botter en touche (entre services, entre palais, entre juridictions voire entre pays). La raison en est que le dossier suit l'enfant mais l'enfant, lui, qui suit-il ? Il suit sa mère.

C'est ainsi que pour son cas, tout est à recommencer, la mère s'est déplacée et il en est à son troisième TGI, celui de Paris, et de nouveau, tout est à recommencer.

Prenons le cas de ce papa dont la maman a fait le tour complet de la France : huit déménagements ! À chaque fois le père, qui s'obstine à poursuivre son enfant, doit remettre en marche une lourde administration locale et quand enfin elle démarre, Madame déménage de nouveau et la juridiction lui renvoie sa requête : le domicile de l'enfant n'est plus dans son périmètre. Alors voici une règle simple : tout palais suivra jusqu'au bout tout dossier initié chez lui. Avec cette règle de pur bon sens on divise par deux au moins les délais et, surtout, on réduit les dysfonctionnements dudit système (dossier perdu, incomplet, etc.).

Mais hélas, ce n'est qu'un rêve, le lien entre l'enfant et ses parents est un lien trop fondamental pour échapper à l'appétit du secteur marchand. Le business engendré est trop colossal pour laisser sa chance à notre progéniture ; son avenir, son équilibre, son épanouissement, s'effacent devant les lois du marché : c'est trop rentable.

En effet, imaginons que dans un sursaut de lucidité nos instances appliquent de force de telles mesures, quelles en seraient les conséquences ? La séparation serait alors un régime où seul l'enfant serait le moins perdant. Mais revers de la médaille : des 200 000 séparations par an (avec enfants), combien en resterait-il ? Assurément moins de la moitié. Pensez ! Tout couple voulant se séparer saurait pertinemment qu'il n'y a plus un gagnant et un perdant, c'est l'arme massive anti-séparation.

Notre civilisation a choisi : l'enfant va de plus en plus mal. Comme le remarquait Évelyne Sullerot, sociologue assez âgée pour ne plus craindre la doxa : « Deux millions d'enfants ne voient plus ou si peu leur père. Dans toute l'histoire de l'humanité, ce n'est jamais arrivé. Au milieu du XXe siècle, vers 1960, nous avions 92 % de mariages et 9% de divorces. Aujourd'hui nous franchissons les 50 % de couples qui se séparent (tous régimes confondus : mariage, pacs, union libre). Notre civilisation se dirige inéluctablement vers l'autre extrême : la marginalisation du mariage tandis que la majorité des couples varieront entre la recomposition et la décomposition ; quid de l'enfant dans tout ça ? » Mme Sullerot cache tant bien que mal son désarroi du haut de ses 90 ans. Un tel âge donne une perspective et une sagesse qui mériteraient d'être écoutés.

Conclusion : la justice de papa, c'est la faillite économique assurée. Laisser une place équitable à l'antique chef de famille, le respecter pleinement mettrait en danger un écosystème qui s'accroît et se pérennise constamment. L'enfant coupé d'un de ses parents, de son père la plupart du temps, va mal, c'est donc un excellent produit économique.

Attention cependant à ne pas verser dans la « théorie du complot » : cet écosystème s'est développé très naturellement avec les plus louables intentions. Force est de constater qu'il est devenu un vaste marché dans lequel certaines juges, avocates, etc. tentent d'établir, de leur mieux, le plus juste équilibre entre les deux parties. Malheureusement ces « Braves » sont minoritaires et la spirale économique amplifie le déséquilibre.

33. Aux milliers de papas-papiers rencontrés

« Autorise l'époux qui a pris l'initiative de la demande à assigner son conjoint. »

À écouter, en tant que bénévole, défiler des milliers de papas dans des associations, des constantes se sont dessinées. À répondre à un répondeur constamment saturé, on devine ce qu'au bout du fil le papa va vous raconter. Sur les milliers de cas exposés, tous n'étaient pas parfaits, loin de là. L'un était bizarre voire suspect. Un pédophile ? Peut-être. Il y eut aussi des cas d'hommes violents qui avaient du mal à se contenir. Oui, sur cent papas un ou deux étaient violents, ils en avaient assez conscience pour désirer se faire soigner. Quelques avares aussi, qui ne voulaient absolument pas débourser le moindre sou. Quelques indécrottables obsédés du droit qui ne comprenaient pas le verdict et faisaient appel. Ils avaient beau avoir toutes les conditions réunies et toutes les preuves, ils voulaient forcer la juge à leur donner raison ; ils ne comprenaient pas que leur attitude d'une logique sans issue pouvait déplaire et que la dame en face, qui a tout pouvoir, juge aussi avec ses émotions. Ils ressortaient vaincus, sûrs d'être la victime en oubliant le principal : leurs enfants. Il fallait user de tous les registres pour leur faire prendre conscience qu'ils se trompaient d'objectif.

Il y a eu aussi le cas d'un misogyne sans retour qui, après dix années de combat, prend toutes les femmes en grippe. Toutefois, dans leur grande majorité, ce sont des pères de familles ordinaires, banals qui viennent, qui appellent parce qu'ils sont accusés de violence et ne savent comment s'en défaire.

En effet, dans l'immense majorité des cas, ce qui prédomine c'est l'accusation de violence : elle est partout. C'est le refrain perpétuel prêt à surgir dans chaque histoire : l'homme est instable, violent, négligent, maltraitant, etc. Difficile d'échapper à son image.

C'est un cercle vicieux qui fait bien des dégâts. Oui, il y a des êtres humains battus, en majorité des femmes et des campagnes médiatiques ne cessent de nous en informer. C'est légitime, seulement ces campagnes de dénonciation collent une image de violence « naturelle » à l'homme ; c'est le méchant par défaut et peu d'hommes battus osent porter plainte, ils craignent pour leur image. Ces campagnes annuelles de si louable intention ont abaissé le seuil de tolérance lors de disputes (réflexe du 17), mais plus grave : vu l'image déplorable que chaque homme se trimballe sans le savoir, la moindre accusation verbalisée de violence vous arrime à un énorme boulet qui vous entravera lourdement pendant tout le processus de séparation et qui restera, après, comme une épée de Damoclès suspendue sur votre tête.

Les réunions de papas sont écœurantes par ces accusations. Il faut dire que cela marche formidablement : plus un homme est accusé de violence, moins il aura la possibilité de voir ses enfants. Et moins il verra ses enfants, plus il en sera perturbé et… potentiellement violent. Ces campagnes médiatiques sur la violence d'un seul sexe sur l'autre ont enclenché un cercle vicieux qui n'est pas près de s'arrêter.

Ce qui m'a ému chez nombre de papas, c'est l'amour inextinguible pour leurs enfants. Combien en ai-je entendu décrire leurs pérégrinations dans toute la France pour voir leur fille ou leur garçon deux heures par mois dans un de ces centres dits médiatisés qui prolifèrent et embauchent de partout ? Accusés de violences conjugales, ces papas ne renoncent pas. La mère est partie, loin, souvent dans le sud, et eux avalent des milliers de kilomètres pour entrevoir leurs bambins quelques rares instants. Moi qui n'ai mon fils que deux petits après-midi par mois, je me dis « Mais comment font-ils pour tenir ? » C'est l'amour du père pour ses enfants. Combien d'entre eux sillonnent ainsi chaque quinzaine, chaque mois, les autoroutes de France, voyagent en TGV pour ces rares instants-là ? Ça fait marcher les hôtels et les transports, ça doit maintenir notre PIB aussi, l'amour pour nos enfants.

Parfois, n'en pouvant plus de ses longs parcours, le papa arrive à se rapprocher, retrouve un emploi et un logement dans la région où vivent ses enfants. Et la maman re-déménage à l'autre bout de la France et les longs trajets reprennent. Quand un de ces papas nous décrit deux, trois, parfois dix déménagements successifs, toujours à la poursuite de sa progéniture, je suis admiratif. Car ces papas nous décrivent aussi leurs divers emplois retrouvés. Que c'est fort, l'amour d'un père pour ses enfants, que c'est beau ! Ça leur fait découvrir de nouvelles régions, de nouveaux métiers. Après, on dira encore que les Français répugnent à la mobilité. Enlevez-leur donc leurs enfants, vous verrez qu'ils bougeront, c'est là une motivation des plus profondes. Oui, je suis plein d'admiration pour ces pères dont, en définitive, la majeure et meilleure partie de la vie aura été une poursuite incessante, en France ou à l'étranger, pour être au plus près de leurs enfants.

Combien en ai-je vus pleurer ? La mère est partie et, les accusant de violences, elle ne leur présente plus l'enfant. Eh oui, les papas pleurent aussi, parfois beaucoup, parfois à plusieurs ! Eh oui, la nouvelle loi famille autorisera les papas à pleurer ! La voilà résumée, cette loi.

Refus de la RE, accusations de violence, EGV, NRE, avalanche de mains courantes et plaintes, enquête sociale, psychologue, pédopsychiatre, experts, huissiers, succession des robes noires, passage et repassage devant les JAF voire correctionnelle : tels sont, crescendo, les épreuves qui attendent les pères souhaitant conserver le lien avec leurs enfants. En revanche, si la mère est d'accord, rien de tout cela. Oui : tout dépend de la mère…

Combien de papas, en écoutant tant d'histoires semblables à la leur, ont eu enfin la révélation que leur paternité était entièrement subordonnée à l'autre partie ?

Combien de papas ont raconté la même histoire que le précédent, un peu gênés d'expliquer qu'ils se battaient pour avoir au maximum leurs enfants tandis qu'en face, c'était plutôt pour avoir le maximum… euh… de sous. Et devant ces objectifs antagonistes, le combat est faussé, d'autant plus que les papas ont souvent un coup de retard.

Car enfin, après avoir vu tant de pères, il se dégage un profil générique de tous ces hommes venus clamer leur indignation : « Je ne comprends pas, j'ai des droits. »

Ce profil n'est pas très flatteur, mais à force d'observer, il revient si fréquemment que c'est bien le fond commun de la majorité des pères venant se lamenter. Eh oui, vous l'aurez deviné : c'est le profil du pigeon qui transparaît dans les questions encore naïves du papa type. Parfois il est encore amoureux, il ne veut pas attaquer, il est encore rêveur, il pense que ça va s'arranger. Là, il faut prendre le petit pigeon par la main et lui décrire un autre monde. Un monde de renards en train de monter un dossier à charge avec plein d'accusations tout en maximisant ses ressources et en minimisant les leurs. Bien sûr qu'on lui dit au petit pigeon, peut-être qu'en lui offrant des fleurs tout s'arrangera, mais en attendant monte un dossier et prépare-toi à entendre les pires insanités sur toi, c'est préférable à ton bouquet de roses.

Assurément, il y a chez beaucoup d'hommes un profil pigeon, un profil tendre, un profil « fleur bleue » qui les handicape. C'est pourquoi trop d'entre eux ne pensent pas à jouer « une carte en dessous », ils hésitent, même lorsqu'ils en ont l'occasion et c'est presque toujours trop tard, ce qui permet de les plumer entièrement. Pauvre pigeon, sans plumes ni duvet courant après ses oisillons perdus…

Certains pigeons ont de la chance, ils ont leur propre maman furieuse de ne plus voir leurs petits oisillons. Elles sont nombreuses, les grand-mères, à venir à l'association avec ou sans leur fils ; elles prennent les devants. Elles sont plus combatives, plus pugnaces, ce sont des femmes à l'ancienne qui ne comprennent pas pourquoi elles ne voient pas leurs petits-enfants. Après le tour de table et le concert de lamentations, la dure réalité les angoisse et leur colère explose. Tant d'obstacles pour avoir accès à ses enfants, à ses petits-enfants ? Tout ne peut dépendre de la mère ! C'est incroyable que les femmes aient autant de droits dans ce pays, ce n'est pas normal ! De telles paroles dans la bouche de femmes, de sœurs, de nouvelles conjointes, de gentilles mamies nous font un bien immense. En effet, nous les hommes, nous sommes réduits à l'autocensure car tout autour de nous rôdent les mots-singes, prêts à nous bondir dessus. Il est triste de constater que trop de pouvoir accordé à un seul sexe fait souffrir une partie de ce même sexe, mais c'est aussi un espoir. Les femmes qui respectent la paternité ont, par leur parole plus libre et quasi sacralisée, beaucoup plus de poids.

Enfin, je voudrais faire amende honorable auprès de tous les papas rencontrés. En effet, au début je trouvais affligeant de voir tous ces pères venir avec leurs gros dossiers sous le bras. Quand l'un d'entre eux, avec ses deux ou trois gros classeurs gonflés à craquer, nous racontait son obtus combat de papiers, je lui disais « Ne vois-tu pas que tu alimentes le système ? Il se nourrit de tes procès, de tes appels et de tes plaintes et procédures ». J'étais triste pour ces « papas-papiers », comme je les surnommais. Force me fut de constater qu'au fil des ans et bien malgré moi, j'étais devenu, comme eux, un papa-papiers. Le papier envahit tout, j'en ai tellement – ils remplissent des classeurs entiers – que je ne sais plus où les ranger. Je les affiche sur les murs et mon petit bonhomme, quand il se faufile dans mon bureau, les regarde d'un air étonné. Comment lui dire que tout ça, c'est mon combat pour lui ? Oui, au début je vous prenais pour des pigeons sans me rendre compte que j'en étais un aussi et que j'en suis toujours un, on ne change pas sa nature.

34. Pourquoi ça sert à sert à rien un « papa » ?

S'il faut en arriver à écrire un livre pour prouver qu'on veut remplir son rôle de père, c'est que la nouvelle paternité est à définir dans le rapport de forces entre l'ancien rôle sacré du père et la nouvelle loi famille. Ballottée entre l'Assemblée nationale et le Sénat, sans cesse différé, le sujet est éminemment sensible. Les droits du nouveau père sont dans des textes de loi raturés, amendés et remis au goût du jour selon les pressions. Hélas, les pères se défendent bien mal et si peu, alors pourquoi ?

Parce que nous vivons de nouvelles époques de plus en plus tendues où tout ce qui n'est pas défendu est perdu. Et les papas pensant que leur état de père va de soi, culpabilisés par les reproches sur l'antique ère patriarcale pourtant depuis longtemps révolue, n'osent bouger quand on rogne encore et encore leur reliquat de droits. Les pères d'aujourd'hui peuvent encore réussir dans leur métier mais pour leur vie privée, pour leurs enfants, ils ne peuvent changer d'employeur, il n'y en a qu'un, c'est le système judiciaire et depuis longtemps celui-ci ne les considère plus.

Et chacun se débattant dans son affaire avec des associations pas toujours plus solidaires, la cause des pères peine à émerger dans ce nouveau monde où tout est lobbying et pression. Oui, les papas se défendent mal, d'autant que notre société, pour les culpabiliser du passé, ne cesse d'inverser les rôles. Oui, montrés, accusés comme forts, ils sont en réalité les faibles tandis qu' « en face », on a depuis longtemps compris que se représenter comme faible, c'est être fort.

Pour défendre la cause des pères, il faudrait qu'ils n'aient pas honte d'être les nouveaux faibles de notre société. Que les hommes le clament : nous vivons moins longtemps que les femmes, nous sommes tout autant touchés qu'elles par le chômage, sinon plus depuis quelques années, nous mettons davantage fin à nos jours qu'elles et nous pouvons du jour au lendemain perdre nos gamins ! Oui, nous sommes une espèce fragile, nous sommes tout autant des victimes. La nouvelle paternité est le maillon faible de notre société. Tout père est en sursis et, lorsqu'il en prend enfin conscience, il est hélas trop tard. Ce jeu de miroir inversé du fort et du faible cause un profond malaise au sein de notre société. La paternité, cette partie désormais faible de notre nouvelle civilisation, est plus tolérée que respectée. L'accepter, la reconnaître entièrement, la remettre au centre de notre société, c'est la rendre de nouveau nécessaire, c'est dire qu'elle ne peut pas ne pas être. Les femmes, elles, échapperont toujours à cette immense question : « Sommes-nous nécessaire à l'humanité ? », la question est risible puisque ce sont elles qui nous font. Mais en se réconciliant avec ce complément qu'est l'homme, en cessant cette course impossible à une égalité déjà gagnée – en droits – , elles se porteraient mieux. Car les femmes font aussi des garçons qui deviendront des pères et les respecter, c'est se respecter soi-même.

Impossible, chère Madame Sullerot de définir cette nouvelle paternité de 2015, 2020 ou plus. C'est comme une grande lampe qui a brillé de tous ces feux des millénaires durant et qui, en quelques décennies, s'éteint. Pour qu'un étiage demeure, il faudrait que le système judiciaire lui injecte un minimum de courant, qu'il la considère, tout simplement. Nous pouvons, à défaut de définition, poser les prérequis de la paternité. Être père deux heures par mois ou deux heures tous les quinze jours, c'est impossible. Pour être père, un samedi après-midi toutes les deux semaines ne suffit pas non plus – ce n'est que souffrance. Pour être pleinement père, les miettes classiques du 26/4 jours sont insuffisantes. Il ne reste à l'évidence que l'égalité, l'hyper-dogme de notre société qui l'exige furieusement partout sauf là où ça la dérange et le père, manifestement, dérange.

Pourtant, un papa ça sert à faire grandir et à étancher la curiosité des petites choses comme toi, mon fils, qui ne cesse de poser des questions sur ce grand monde qui t'entoure. Et Dieu sait que tu m'en as posé, des questions, chaque samedi ! Et l'air de rien, toutes ces réponses où ton papa t'a transmis son expérience de la vie, c'est un peu de lui qui est en toi, mes explications t'ont construit, consolidé et feront partie de ton identité. C'est la transmission, les papas veulent survivre eux aussi.

En grandissant, tu verras : tu interrogeras de moins en moins ton papa et un jour viendra où tu ne lui poseras plus de questions, tu lui apporteras même des réponses qu'il ne connaît pas. Ce jour-là, tu l'auras dépassé car ça sert aussi à ça, un papa : à savoir quand tu l'as dépassé.

En conclusion
Quelques conseils fondés sur la pratique active – et souvent contrainte – du terrain

L'avocat

« Je jure, comme avocat, d'exercer mes fonctions avec dignité, conscience, indépendance, probité et humanité. »

L'avocature, en expansion dans tous les pays a, en France, doublé ses effectifs en une décennie : ce n'est pas de bon augure. En effet, cette profession en croissance permanente sans numerus clausus et sans contrôle national rigoureux pose de sérieux problèmes.

Il y a des spécialisations (droit international, droit du travail, droit pénal) et des débouchés prometteurs comme l'avocature d'entreprise. On s'étonnera que ces petites ou moyennes entreprises, qui se nomment cabinets, possèdent en cas de séparation un quasi-monopole sur notre vie privée ; mais c'est que, ayant vu l'expansion de ce marché, elles l'ont défendu bec et ongles et avec raison : c'est devenu leur plus gros marché.

Profession libérale, à l'instar du médecin, l'avocat, pourra vous facturer sa consultation à sa guise ! En effet, ses honoraires à lui sont totalement libres. Au surplus, c'est un chef d'entreprise des plus privilégiés car, contrairement au médecin qui, en cas de diagnostics erronés se verra radié par son conseil de l'ordre, l'avocat pourra, même avec des compétences des plus approximatives, vivoter de son affaire. Certes, l'avocat totalement inapte finira par fermer boutique (ça finira par se savoir), mais la tolérance est grande et la liste de ses victimes sonnant à sa plaque dorée sera longue avant sa faillite. Par conséquent, tout le monde espère tomber sur « le bon avocat », mais peu le trouvent. L'avocat par contre, n'a pas à vous chercher. Monopole oblige : il attend que sa sonnette retentisse et sélectionne ses « bons clients ».

Règle n°1 : Sélectionnez votre avocat

Comment dénicher votre robe noire « idéale » ? Eh bien en la testant sur plusieurs points.

Pour la compétence, avec les fiches pratiques, posez-lui quelques cas de figure : par exemple « Si ma conjointe s'éloigne, que dois- je faire ? ».

Si elle n'est pas en dehors des clous, demandez-lui depuis combien de temps elle exerce. Moins de cinq ans c'est risqué : trop inexpérimentée ; plus de 20 ans, son réseau constitué, elle cognera à fond et sera redoutée de partout, en revanche, souvent elle exigera d'être payée à l'heure plutôt qu'au forfait. À 500 euros de l'heure, au bout de quelques dizaines d'heures vous comprendrez votre douleur… L'idéal donc, c'est de cibler la robe noire qui a entre dix et quinze ans d'ancienneté.

Autre test important : vérifier sa disponibilité. Combien de dossiers gère-t-elle ? A-t-elle une assistante, une stagiaire ? N'est-elle pas surchargée ? En effet, sollicitée de partout elle peut avoir franchi sa zone de « burn-out » sans s'en rendre compte et même en faisant au mieux, rançon de la quantité, la qualité baissera. Vous le sentirez alors à ses réponses : elle vous répondra toujours oui mais différera trop souvent son travail.

Dernier test : rencontrez-en plusieurs ! Voyez-les aux permanences des mairies ou des palais de justice, elles sont gratuites. Familiarisez-vous avec leur jargon et prospectez : téléphonez à nombre d'entre eux, prenez rendez-vous avec ceux qui vous ont écouté au moins dix minutes puis demandez en entrant le prix de la première consultation et négociez-la. En voir, une demi-douzaine avant de vous décider est une précaution élémentaire.

En effet, cette profession obéit à la règle des 3 « B », comme les Braves, les Brêles et les Brebis galeuses sur le même principe que le Bon, la Brute (nulle) et le Truand, au choix car les trois cinquièmes, faute d'obligation de résultats, sont des brêles. L'un des cinquièmes restants est composé de brebis galeuses sans foi ni loi (la honte de la profession) et le dernier cinquième, celui qui nous intéresse, est celui des braves qui croient en leur serment et essaiera de faire au mieux. Pour espérer tomber dessus, mieux vaut en voir le plus possible ou ceux dûment recommandés (toutefois méfiez-vous du bouche-à-oreille sauf si plusieurs « bouches » vous la recommandent).

Ensuite, il faut que « le courant passe », il faut aller au-delà de l'empathie de la première visite, il faut que vous « sentiez » que votre robe noire va sinon faire corps avec vous, du moins vraiment vous défendre.

Enfin, après avoir fait votre sélection dans la « short list » des « Braves », négociez les honoraires.

Récapitulons les duels entre les trois « B » :

– brave contre brêle : gagnant, le brave.

– brêle contre brêle : ça va durer très très longtemps (cas le plus courant).

– brêle contre brebis galeuse : gagnante la brebis galeuse (haut la main).

– brave contre brebis galeuse : ce sera très serré, pronostic réservé.

– brebis galeuse contre brebis galeuse : c'est l'enfer pour tous sauf pour eux.

– brave contre brave : c'est un combat loyal avec souvent le juste milieu atteint.

Conclusion : en attendant l'utopique ordre des avocats, faites le ménage vous-même et dénichez votre Brave !

Règle n°2 : Échelonnez le paiement

Lors du premier entretien avec votre robe noire, celle-ci vous demandera une provision (le gros chèque) couvrant parfois les neuf dixièmes de sa prestation. Ce sera 500, 1 000, 2 000, 3 000 euros parfois plus, parfois moins ; peu importe, ne versez jamais d'emblée cette somme ! Il faut absolument ÉCHELONNER vos chèques !

Difficile car la robe noire en face avec votre dossier, vos fiches de paie et votre déclaration de revenus, vous a elle aussi sélectionné. Invoquez n'importe quel prétexte ; dettes, emprunts, etc. Il ne faut JAMAIS ressortir d'un de ces cabinets en ayant réglé les quatre cinquièmes du contrat. Pourquoi ? Mettez-vous donc à leur place : on vous commande un quelconque rapport et on vous donne un chèque de 2 000 euros. Plus tard, on vous rappelle. Vu que vous avez déjà encaissé le chèque, vous direz que c'est en cours, que vous n'avez pas le temps, que… En effet, c'est humain. Ne vous étonnez donc pas, si, après le gros chèque du début, curieusement votre robe noire devient distante.

Quelques jours avant l'audience, vous allez recevoir de votre avocat(e) une facture : le solde à régler. Par réflexe, vous vous empresserez de lui verser les 500 ou1 000 euros restants, comme ça, penserez-vous, elle sera motivée devant Madame la juge. Erreur ! Dites-lui que le solde lui sera remis à la sortie de l'audience, vous verrez, elle sera beaucoup plus motivée pour vous défendre.

Enfin, rien ne sert d'avoir trouvé son « Brave » si vous-même faites la « Brêle ». Répondez donc le plus vite possible à toutes ses demandes de documents. Il faut que votre réactivité soit exemplaire. Dites-lui aussi ce que vous voulez vraiment. Trop de pères se contentent des propositions de leurs avocats comme s'il n'y avait pas d'autre choix. Par exemple, vous êtes prêt et remplissez toutes les conditions pour avoir vos enfants en RE. Eh bien osez la demander ! Si vous avez fait la bonne sélection, votre avocat(e) vous suivra et vous défendra.

Règle n°3 : Exigez des écrits

Exigez impérativement de votre avocat(e) de recevoir d'une part TOUTES les pièces adverses, et d'autre part que vos propres demandes écrites (assignation, requêtes ou conclusions) qu'elle transformera dans son jargon en « écritures », vous soient transmises suffisamment à l'avance. Lisez-les attentivement, n'hésitez pas à les corriger si ce n'est pas exactement ce que vous souhaitez, renvoyez-lui, et vérifiez qu'elle a bien intégré vos modifications dans l'ultime version qu'elle remettra au système judiciaire !

Et que penser de l'aide juridictionnelle (l'AJ) ? Si vous être au RSA ou presque, vous aurez droit à un avocat d'office (pas de sélection à faire). N'en espérez pas des miracles, il est chichement rétribué pour sa prestation. Alors sauf exception, ne comptez pas trop sur votre robe noire gratuite. Si elle vous suggère de lui verser (en liquide) un complément, exigez un reçu.

Enfin, l'éternelle question : devant la JAF (environ 90 % de femmes), vaut-il mieux un avocat homme ou femme ?

C'est tout d'abord une profession elle aussi à majorité féminine. Vous aurez donc plus de mal à trouver un avocat « homme ». Mais quel sexe choisir ? Mme la juge, devant deux hommes tenaces, n'en portera-t-elle pas ombrage ? En fait, la question n'a pas de réponse.

Un avocat lui-même père de famille peut prendre à bras-le-corps votre dossier et bien le défendre. Certaines avocates, oui, il y en a, défendront tout aussi bien les pères, surtout si elles ont des enfants mâles. C'est un peu de l'avenir de leur progéniture qu'il s'agit ! La règle générale est la suivante : trouver le ou la « Brave », sachant qu'il y a plus de brêles chez les hommes et qu'il y a moins d'hommes que de femmes avocats.

Testez, sélectionnez, échelonnez vos paiements, comprenez leur jargon, vérifiez vos demandes écrites et soyez réactif. C'est à ce prix que vous éviterez les calvaires sans fin où des papas ont perdu 25 000, 50 000 voire 70 000 euros (sur dix ou quinze ans de procédures) engloutis par cette profession libérale sans aucun résultat car ils sont malheureusement tombés sur la pire espèce : celle des brêles-galeuses qui les ont pris pour des moutons et les ont tondus sans scrupules.

La Résidence égalitaire

En cas de séparation, la Résidence égalitaire n'est pas la panacée. Toutefois, c'est le choix du moindre déséquilibre en cas de comportement adulte des deux parties et, surtout, le meilleur choix pour l'enfant, même s'il l'ignore.

Les critères d'éligibilité :

– Prouver que le trajet résidence-école est raisonnable et que la distance entre les deux domiciles est tolérable. Cependant, tout est question d'appréciation : 25 kilomètres en rase campagne ou 5 kilomètres sur un périphérique embouteillé seront vus plutôt au temps passé…

– Prouver que vous disposez d'un environnement stable pour l'enfant : fiche EDF/avis d'imposition/téléphone de votre logement + photos de la (des) chambre(s) de(s) l'enfant(s) (avec jouets voire témoignages, etc.) et attestation employeur prouvant vos disponibilités.

– Prouver votre disponibilité pour le quotidien de l'enfant.

– Prouver que vous êtes un bon père car si la mère n'a rien à prouver, vous si : plus vous aurez d'attestations (école, parents d'élèves, etc.), plus vous apporterez la preuve que vous êtes présent dans la vie de votre enfant. Allez au-delà, montrez que vous avez un projet de vie pour vos enfants (sports, activité périscolaire, etc.). Enfin, n'hésitez pas à solliciter votre entourage pour démontrer que vos absences seront palliées (tierce personne, nourrice, famille, etc.).

Note très bienvenue : Sachez que le système judiciaire est réfractaire à tout changement. Donc si les mois précédant l'audience, vous étiez déjà en RE par un arrangement tacite entre vous, le système sera moins enclin à réduire ce fait accompli malgré son habitude du 26/4 jours.

Situation de perte de la RE :

Attention : la RE n'est jamais acquise, tout fait nouveau peut la remettre en question. En effet, le système judiciaire, sollicité, peut à tout instant annuler une RE suite :

– à un éloignement géographique ;

– à des plaintes variées (conditions insalubres, horaire, négligences, autoritarisme, violences, etc.) ;

– à une demande des enfants (surtout vers l'adolescence).

Parades :

Sauf dans le dernier cas (peu défendable si les enfants ont une dizaine d'années et qu'ils ne sont pas influencés) :

– demander des enquêtes sociales ;

– argumenter sur l'environnement déjà favorable aux enfants (voir fiche EGV).

Conséquence de la RE :

– déclaration fiscale : 1/2 part par enfant pour chacun ;

– peu ou pas de pension alimentaire dans 80 % des cas et le cas échéant non prise en compte fiscalement ;

– CAF : partage des allocations familiales (à demander),

– CMG : partage du Complément du mode de garde

– adresse de l'enfant aux deux domiciles (donc demandez à votre centre de sécurité sociale qu'il soit aussi inscrit sur votre carte) ;

– autres aides diverses : cherchez, il y en a toujours, et songez à les réclamer.

La Non-représentation d'enfant

Deux types d'actions sont envisageables.

Pas de décision de justice

Scénario classique : en union libre, vous avez bien reconnu votre enfant avant la fin de sa première année (donc vous avez l'autorité parentale) mais depuis, vous vivez de plus en plus chacun de votre côté ou même séparément. Tacitement, vous allez chercher votre enfant toutes les fins de semaine. Or, cette fois-ci, vous trouvez porte close et idem les semaines suivantes, alors que faire ?

Que vous alliez au commissariat ou à la gendarmerie, la personne en bleu vous demandera par réflexe un jugement. Or pas de papier de justice, pas de dépôt de plainte. L'enfant est à vous deux, aucun papier du système n'en partage le temps, donc c'est « private ». Vous pouvez, s'ils ont le temps, faire une main courante – papier de consolation pour vous et pour la suite…

L'avantage, tant que vous n'avez pas de décision de justice, c'est que l'égalité demeure. Vous êtes donc parfaitement libre de récupérer vos enfants, au moins en théorie. Donc, si à l'improviste, vous vous trouvez nez à nez avec vos enfants et qu'ils vous suivent à la maison, voilà votre NRE résolue. Toutefois, si vous avez la témérité d'aller chercher vos enfants chez Madame, voici quatre conseils :

– Quoi qu'il arrive, soyez d'un calme olympien.

– Venez avec un ou deux témoins, c'est plus prudent ;

– Juste avant, prêchez la bonne parole dans les commissariats alentour : « Je vais reprendre mes enfants suite à un différend et si vous recevez un appel affolé pour kidnapping d'enfant, violence, etc., de la part de X, c'est qu'ils seront chez moi, voici mes coordonnées, etc., je me tiens entièrement à votre disposition… »

– En parallèle, faites une saisine du JAF local et réclamez selon votre situation : résidence principale ou égalitaire des enfants et le coutumier 26/4 que vous pourrez élargir vu les refus précédents (ça rassurera aussi les petits bleus et cela passera mieux, par la suite, auprès du JAF qui pourrait voir d'un mauvais œil ce rapatriement musclé).

Attention ! Si Madame s'arc-boute sur les enfants, glisse, tombe et vous accuse de violence, tout le monde voudra la défendre. Peut-être vous êtes-vous battu, d'ailleurs, mais seule la femme battue sera retenue. C'est très risqué. À vous de bien peser le pour et le contre…

Vous avez une décision de justice

Allez tout de suite au commissariat ou à la gendarmerie et **DÉPOSEZ PLAINTE.** Insistez car la justice française, saturée de ces plaintes, les prend si peu en compte que tacitement les petits bleus vous imposeront leur « main courante ». Au surplus, ils ont des consignes. Or c'est encore un droit inscrit dans le Code pénal (art. 227-5), alors aucun scrupule : déposez plainte TOUS LES JOURS pour NRE. C'est comme si tous les jours on vous cambriolait, que feriez-vous ? Par exemple, vous avez vos enfants la première semaine des vacances de Toussaint/Noël/Pâques et Madame est partie avec les enfants quinze jours : vous devez déposer sept plaintes parce que pendant sept jours vos enfants vous étaient dus ! Insistez, changez de commissariat s'ils refusent, ou refusez de sortir tant qu'ils n'auront pas pris votre plainte : les pères n'ont plus beaucoup de droits, ils ne doivent pas lâcher ceux qui leurs restent.

Au commissariat, vous pouvez demander que l'on constate l'infraction à la loi : en théorie, on devrait vous accompagner au domicile et constater le refus de présentation car c'est là une obligation légale. Insistez, persévérez, car en pratique c'est rarement le cas et c'est bien dommage (on vous répondra classiquement « On n'est pas des assistants sociaux »).

Si les plaintes s'accumulent, prenez des témoins qui constateront de visu l'infraction. Il existe une lettre-type Cerfa (cherchez sur internet) pour standardiser ce type de témoignages, ce qui prouvera vos efforts pour avoir vos enfants pendant les brefs temps qu'on vous les accorde.

Vous pouvez aussi déposer plainte directement avec envoie en LRAR au procureur, voire exploiter une troisième voie : si le parquet ne poursuit pas, vous pouvez saisir le tribunal correctionnel par une citation directe, ainsi vous aurez une convocation et vous pourrez vous expliquer. Attention, toutefois : si vous n'êtes pas en AJ (Aide juridictionnelle), vous aurez un surcoût : vous devrez consigner une somme d'argent dont le montant sera fixé en fonction de vos ressources, qui vous sera restituée par la suite. Si vous avez un « Brave » avocat, aidez-vous de lui pour faire et rédiger cette citation directe (et négociez au préalable ses tarifs).

Dans tous les cas, demandez une copie de votre plainte.

L'Éloignement géographique volontaire

En cas d'EGV, deux cas différents :

Vous n'avez pas de décision de justice

Revoilà notre scénario classique. Madame avait la nostalgie de sa région d'enfance ou a eu une promotion à l'autre bout de la France. Enfin peu importe : elle est partie avec les enfants et vous voilà seul et profondément déprimé dans votre appartement de ville. Que faire ?

Allez tout de suite déposer une main courante au commissariat le plus proche en soulignant bien que vos enfants vous ont été soustraits sans votre accord (si vous ignorez sa nouvelle adresse, faites une déclaration pour disparition inquiétante). Ensuite, précipitez-vous au greffe de votre juridiction locale (le palais le plus proche) et « assignez-en la forme des référés » — c'est leur formulation pour dire que c'est urgent. Prenez le plus de documents possibles : acte de naissance des enfants, livret de famille, preuve de votre domicile, inscription à l'école, etc.). Le SJF vous conseillera de prendre avocat alors que seul le mariage l'exige.

Toute robe noire a ses « entrées au palais » et sa requête pourrait aller plus vite. Si vous passez toutes vos journées au greffe du palais en demandant où en est votre requête, ça n'ira pas moins vite que de tomber sur une « Brêle », à vous de voir. Si vous avez l'aide juridictionnelle, prenez-la mais surtout pilotez votre robe noire, activez-la.

L'erreur est de se lamenter en répétant « Je veux mes enfants !» Prenez les devants, montrez qu'ils ont été arrachés à leurs habitudes, leur environnement familier, leurs repères et que c'est, selon leur jargon, une « fraude » ; que vous avez été pris au dépourvu. Et exigez que la résidence principale de vos enfants demeure celle habituelle, c'est-à-dire chez vous. Si vous êtes très rapide, cela peut marcher. Toutefois, plus Madame sentira sa position fragile, plus elle aura tendance à pousser le curseur de la violence et peu importe si vous êtes réellement agressif ou pas, le fait est que ça marche, ces accusations vont vous freiner.

Si vous êtes marié, même démarche avec le prix de consolation du mariage : vous pouvez porter plainte pour abandon de domicile au lieu d'une main courante (c'est d'ailleurs, à bien fouiller, le seul avantage du mariage !).

Vous avez une décision de justice

Dans ce cas, quelle que soient vos « fenêtres » de paternité inscrites sur la décision du SJF, vous ne pouvez plus honorer ce contrat.

Même démarche : faites immédiatement constater l'éloignement par dépôt de plainte, cette fois-ci car vous y avez droit, et foncez au greffe du palais pour « l'assignation en la forme des référés ». Il va de soi que les premières semaines sont cruciales. Votre but n'est pas d'inonder Madame d'imprécations mais de faire confirmer par la justice que la résidence principale des enfants est celle habituelle, c'est tout.

Dans quels cas cela marche-t-il ? Dans le cas où Madame est sur le point de partir. En effet, si elle vous annonce ou si vous découvrez (légalement) que dans trois ou six mois, elle s'en va, peu importe où, du moment que la distance est au-delà du raisonnable pour aller chercher vos enfants, agissez sans perdre une seconde. Votre référé, s'il est accepté, rendra un avis, qui pourra être de la forme : « Selon le jugement de… les enfants ne peuvent changer d'environnement, la résidence principale sera donc accordée au père. » En effet, le SJF n'apprécie pas le fait accompli en contradiction avec ses écrits. Et tant qu'à faire, si Madame a de la famille à l'étranger, demandez dans le jugement ou l'ordonnance que soit mentionnée la phrase suivante : « Interdiction de sortie du territoire national sans l'accord des deux parents. » Avec ce document de justice, la plupart du temps Madame renoncera à partir.

Si Madame est déjà partie, interdisez par lettre (et copie au rectorat) la désinscription de vos enfants de leur école sans l'autorisation des deux parents. En effet, après réinscription dans une lointaine école communale, leur nouvelle adresse aura plus de poids et votre juridiction locale aura tendance à se déclarer incompétente, le domicile des enfants n'étant plus dans son périmètre. Vous devrez établir des contacts avec une lointaine juridiction puis, des mois plus tard, vous y rendre pour entendre le verdict : « Dans l'intérêt des enfants, il n'est pas envisageable de les changer d'environnement. » Bref, vous les avez perdus et la seconde peine ne tardera pas : la pension alimentaire à payer.

Donc réagissez dès l'annonce ou le départ de Madame, remuez ciel et terre chaque jour, c'est à ce prix seulement que vous conserverez vos enfants – oui, ça arrive, c'est possible. Tout ce qui n'est pas défendu est perdu, notre paternité n'y échappe pas. Ne soyez pas l'un de ces milliers de papas qui, une fois par mois, sillonnent nos routes puis, épuisés par leur long trajet, passent quelques heures avec leur enfant avant de repartir en pleurant.

Glossaire de la séparation

26/4 : 26 jours maman/4 jours papa, tarif standard pour les pères en cas de séparation.

ASE/AEMO : Aide sociale à l'enfance/Action éducative en milieu ouvert. Si l'enfant est en danger ou si les couples ne cessent de se déchirer, l'enfant sera finalement placé.

DVH : Droit de visite et d'hébergement. Ancien terme du SJF pour le droit coutumier du 26/4. À remarquer qu'il ne s'agit pas d'un devoir mais seulement du droit de faire une « visite » à vos enfants.

EGV : Éloignement géographique volontaire.

JAF : Juge aux affaires familiales.

JE : Juge des enfants.

En cas de maltraitance ou de danger pour l'enfant, ce juge sera saisi (voir ASE/AEMO).

NRE : Non-représentation d'enfant.

ONC : Ordonnance de non-conciliation.

Mesures exécutoires entre l'assignation et le divorce. Bien que provisoires, ces mesures peuvent durer quelques années.

PA : Pension alimentaire.

Devrait dépendre des ressources des deux ex-conjoints, du temps de résidence et de l'intérêt de l'enfant.

RE : Résidence égalitaire (remplace l'ancien terme « garde alternée »).

SAP : Syndrome d'aliénation parentale.

SJF : Système judiciaire français (système discriminant envers les pères, s'occupe aussi de la gestion des prisons).

Postface par Delphine Bivona [7]

Mon cher Éric,

Je me souviens très bien du soir où, lors d'une permanence que j'effectuais dans une association de défense des droits des pères, tu m'as fait lire l'un de tes premiers textes. Ton récit poétique et sensible d'un drame trop souvent joué dans notre société a renforcé ma volonté d'aider les papas à voir leur place et leurs droits reconnus. J'éprouvais parfois du découragement devant la répétition des ces histoires de pères privés injustement de leur enfant. J'ai été touchée, amusée et rassérénée par ta façon simple et émouvante de décrire des scènes de ta vie avec ton petit Anatole et par cette authentique déclaration d'amour à ton fils. Je suis donc honorée d'apporter, sous forme de quelques réflexions, un éclairage à ton récit si représentatif de la souffrance des papas « McDo ».

Dans ton livre, j'ai retrouvé des sentiments qui m'ont été souvent racontés : l'angoisse du temps qui passe et de l'horaire butoir auquel l'enfant doit être ramené à sa mère.

---

7. Delphine Bivona est avocate en droit de la famille à Paris.

D'autres questions débordent largement le domaine du droit : comment transmettre à son fils ses valeurs et un peu de ce que l'on est en seulement quelques jours par mois ? comment atteindre l'équilibre entre l'exercice de son autorité de parent et la crainte de ne pas voir revenir l'enfant que l'on connaît si peu ? quel parent deviendra l'enfant dont le seul référent masculin est un papa aimant mais absent ? comment expliquer à un enfant les raisons de son absence, sans critiquer la mère et tout en se défendant de ses dénigrements ?

Au travers de ton témoignage, tu mets également en lumière les dysfonctionnements d'un système judiciaire, perçu par les pères comme une machine à broyer l'individu. La justice familiale confiée à un juge unique, dont les décisions sont exécutoires en dépit de la saisine de la cour d'appel, contribue à la défiance des justiciables. Je peux en effet comprendre ton amertume face à la difficulté d'accéder à la justice et à la sensation d'être considéré comme un simple dossier auquel sont appliqués des critères prédéterminés alors que les liens particuliers d'un enfant avec son père sont en jeu. Cette position dogmatique de l'institution judicaire me pose problème en tant qu'avocate et en tant que citoyenne. Dans l'exercice de ma profession, j'espère contribuer un peu à son évolution.

Tu nous parles aussi de l'humiliation ressentie par de nombreux pères : celle de devoir justifier qu'ils sont de *bons parents,* alors qu'il y a tant de façons d'aimer son enfant ! Décidément, la conception purement matriarcale de la famille !

Mais il ne faudrait pas que ton témoignage décourage tes lecteurs et les conduise à renoncer à se battre pour leurs droits. L'évolution récente de la jurisprudence ainsi que la proposition de loi sur la famille relative à l'autorité parentale et à l'intérêt de l'enfant attestent de l'évolution des mentalités quant au rôle du père. Il n'est plus aussi rare que le déménagement intempestif de la mère emmenant l'enfant soit sanctionné par le transfert de résidence de celui-ci au profit du père. L'Éloignement géographique volontaire de la mère, s'il n'est pas justifié par un motif « légitime », est de plus en plus souvent sanctionné. De même, la résidence alternée est prononcée par les tribunaux un peu plus souvent qu'auparavant, même en cas de conflit opposant les parents. Il y a donc de l'espoir.

Si la proposition de loi sur la famille, examinée au Parlement depuis 2014, finit par être votée, un grand pas pour la reconnaissance des droits du père sera franchi. La fixation de la résidence alternée de l'enfant au domicile de chacun de ses parents y est énoncée comme un principe avec pour conséquence de contraindre le Juge aux affaires familiales (JAF) à motiver une décision contraire. De même, l'atteinte aux règles de l'exercice conjoint de l'autorité parentale, jusqu'alors non sanctionnée, pourrait être réprimée par la condamnation au paiement d'une amende civile d'un montant de 10 000 euros.

La reconnaissance juridique et légale de l'implication des pères dans l'éducation de leurs enfants doit leur redonner confiance et les inciter à solliciter auprès des tribunaux la fixation de la résidence à leur domicile ou en alternance et, ainsi, à ne plus craindre d'affirmer leur place de père.

En contrepoint de ton récit, je vais maintenant tâcher de livrer en quelques pages une vision de ces conflits entre parents, et une vision de l'avocat.

C'était il y a quatre ans environ, lors d'une de mes toutes premières permanences à une association de défense des droits des pères. J'intervenais pour prodiguer quelques conseils aux papas en difficulté, privés partiellement ou totalement de relations avec leurs enfants. Au cours d'une consultation, j'ai ressenti un choc. Un jeune homme d'environ vingt-cinq ans, que rien dans son apparence ne distinguait des garçons de sa génération, s'est assis – je devrais dire effondré – en face de moi. Il était complètement perdu, hagard, tel un survivant planté au milieu des décombres de sa maison. Ce père d'une petite fille de deux ans venait non seulement d'apprendre que son ancienne compagne souhaitait le priver de tout droit de visite à l'enfant, mais qu'en outre elle l'accusait de violences sexuelles à l'encontre de celle-ci. J'ai rarement perçu autant de détresse et d'incompréhension dans le regard de quelqu'un. La suite de l'affaire prouvera que c'était la mère qui se livrait à des attouchements sur l'enfant. Par la suite, cette dernière a été confiée au père.

Des années plus tôt, j'avais, comme beaucoup de mes confrères, fait mes armes d'avocate dans des dossiers au pénal, des faits de violences et plus généralement de délinquance de droit commun. Je me doutais qu'avoir assisté des personnes considérées à tort ou à raison comme en fâcheuse situation pourrait m'être très utile. Face à ce jeune homme déboussolé, j'ai retrouvé les sensations de ces expériences glanées au gré des permanences de barreau. Dans les conflits entre parents sur la résidence de l'enfant, les accusations de violences sexuelles sont loin d'être systématiques mais elles existent. Comme le raconte Éric, ces mises en cause aussi imaginaires que gravissimes peuvent à tout moment surgir des territoires inconnus de la rancœur d'une mère. De façon presque surprenante, comme je l'ai constaté en discutant avec mes confrères, les allégations de viol ou d'agression sur les enfants par l'un des parents se font plus rares, heureusement. L'observation empirique m'amène à penser que ce type de parade est – le terme est terrible – un peu passé de mode. La tendance serait aujourd'hui à l'accusation de violences conjugales, arme plus « conventionnelle ». Profitant de la sensibilisation du public à ce problème, dont personne ne conteste l'ampleur, certains avocats s'abaissent à brandir cet argument à titre de réplique automatique. Les agressions physiques sont très majoritairement le fait des hommes, mais pas exclusivement. J'ai en mémoire une affaire de violences exercées par une femme contre son compagnon, tous deux parents d'une fillette en bas âge. Madame humiliait Monsieur et lui avait craché dessus, ce qui l'avait conduite à être prévenue devant le tribunal correctionnel. À l'audience, la procureure n'a rien trouvé de mieux que de demander à ce que l'intégralité du dossier soit versé aux débats, au motif qu'elle y avait vu une trace d'un « rappel à la loi » pour des faits de violences infligées par le compagnon quelque temps auparavant. La magistrate aurait-elle agi de la même façon si les rôles avaient été inversés ? J'en doute fort. Son univers mental n'était pas formaté pour analyser objectivement cette affaire. Une bonne mise à jour logicielle lui aurait été nécessaire.

1 - L'enfant dans la séparation : État des lieux

Lors de la séparation, les parents ont le choix entre plusieurs solutions :

– la fixation de la résidence en alternance chez chacun des parents, selon un rythme convenu ;

– la fixation de la résidence (dite principale) chez le père ou chez la mère, combinée à un droit de visite et d'hébergement pour le deuxième parent.

En cas de séparation, la résidence est fixée par le JAF qui, soit homologue un accord passé entre les parents, soit tranche en cas de désaccord.

Deux études récentes effectuées sur la base de décisions des JAF prises en 2012 fournissent quelques points de repère. Elles ont pour moi le mérite de replacer les cas limites qui composent mon quotidien d'avocate dans le contexte général. Elles permettent aussi d'appréhender le monstre froid de la norme judiciaire.

Il résulte de la première étude [8] les données suivantes :

– Dans 71 % de leurs décisions, les juges se sont prononcés pour la résidence chez la mère ; dans 19 %, pour la résidence en alternance ; et dans 10 %, pour la résidence chez le père.

La résidence alternée aurait donc progressé de 10 % à 17 % entre 2003 et 2012. Elle concernait 15 % des enfants en 2007.

– 80 % des parents sont d'accord sur le mode de garde ; dans 10 % des situations, ils sont en désaccord ; dans 9 % des configurations, un des parents n'a formulé aucune demande.

– En cas de désaccord entre les parents (10 % des cas de figure), les JAF décident pour 63 % des enfants qu'ils résideront chez leur mère, pour 24 % en résidence alternée, et pour 12 % chez leur père.

Un rapport rendu public au début de l'année 2015 vient confirmer ces chiffres [9]. À partir des données intégrales des décisions des JAF de 2012, il confirme les tendances exprimées

8. Maud Guillonneau et Caroline Moreau, « La résidence des enfants de parents séparés - de la demande des parents à la décision du juge », ministère de la Justice, novembre 2013.

9. Derniers chiffres disponibles (le système de la résidence alternée a été instauré par la loi du 4 mars 2002).

dans l'enquête précédente. Dans la dernière décennie, le mode de résidence en alternance a fortement progressé : en 2003, il était prononcé dans 12 % des divorces et 7 % des séparations de parents non mariés ; en neuf ans (2003-2012), « il a progressé pour atteindre 21 % dans les divorces et 11 % pour les parents non mariés » [10].

La nouvelle paternité

Les statistiques ont un inconvénient : elles masquent des réalités très diverses. Pour un père aimant privé de ses enfants, le fait de mener une existence conforme aux chiffres du ministère représente un maigre lot de consolation. Car l'homme n'est pas une statistique, tout comme un célèbre personnage de série télévisée prisonnier d'un village très aseptisé – en lequel on pouvait voir une critique du conformisme de la société des années 60 – clamait qu'il n'était pas un numéro.

Ces chiffres soulignent bien une tendance à l'augmentation des décisions de justice favorables à la résidence en alternance, mais cette évolution jurisprudentielle ne répond qu'en partie au mouvement de société dit de la « nouvelle paternité ». Les hommes devenus pères dans les années 70 s'impliquent bien davantage que leurs prédécesseurs dans l'éducation des enfants. En la matière, le niveau monte ; nous étions à l'étiage, il est vrai. Les mouvements féministes ont légitimement revendiqué le partage des tâches ménagères, l'égalité, la parité. Qui sème le vent récolte les requêtes : les nouveaux pères n'entendent pas disparaître de la vie de leur enfant par la mauvaise grâce d'une séparation du couple et le font savoir

10. Valérie Carrasco, Clément Dufour, « Les décisions des juges concernant les enfants de parents séparés ont fortement évolué dans les années 2000 », *Infostat justice* n° 132 (janvier 2015).

à la justice de plus en plus massivement. Mai-68 est passé par là. Courez, camarades, le vieux monde est derrière vous ! Un jour sans doute, mais pas tout de suite, l'Institut national de la statistique et des études économiques vous donnera raison.

L'enfant doit savoir que son père s'est battu pour lui

Je défends les cas difficiles d'hommes meurtris mais déterminés à garder le contact avec leurs enfants. Pour reprendre le lieu commun, nombre de ces nouveaux pères ont changé les couches et se sont levés la nuit quand le bébé se réveillait en pleurant. Et lorsque trois ans après la naissance, un papa se retrouve privé de ce lien, il éprouve plus qu'un grand vide. « Un seul être vous manque et tout est dépeuplé », comme l'exprimait si bien Alphonse de Lamartine. Au motif que « les usages » voudraient qu'un jeune enfant demeure près de sa mère plutôt qu'en compagnie de son père, celui-ci peut se voir dénier le droit d'accompagner son enfant à effectuer ses premiers pas dans la vie.

Je suis rassurée de constater que l'opiniâtreté peut payer. Certes, en cas de conflit entre les parents, les chances pour le père d'obtenir la résidence en alternance ou de faire élargir un droit de visite et d'hébergement demeurent trop faibles. Il y a quelques années, je conseillais aux pères de manifester leur volonté de s'impliquer dans tous les cas, au moins pour que l'enfant puisse savoir que son père s'est battu pour lui. Aujourd'hui, dans les juridictions de Paris et de la première couronne (celles que je connais le mieux), de plus en plus de JAF accordent aux pères des mesures de résidence alternée. Même pour de jeunes enfants, même en cas de séparation conflictuelle.

Mais rien n'est jamais acquis dans ce domaine. À tout moment, de petites et de grosses galères peuvent transformer à nouveau la séparation en un parcours du combattant ou un voyage au bout de l'enfer.

2 - Les « bonnes » séparations

Sur le papier, c'est la situation la plus fréquente. Comme tous les types de divorces, le divorce consensuel appelé « par consentement mutuel » (plus de la moitié des procédures) suppose un passage devant le JAF. Les modalités de la séparation y sont consignées dans un accord écrit : pensions alimentaires, résidence de l'enfant, répartition du patrimoine, etc. Pour les couples non mariés, le règlement du sort de l'enfant n'est pas obligatoirement soumis au juge, mais cette démarche comporte de nombreux avantages, dont celle de lui donner force exécutoire.

L'intervention d'un avocat aura le mérite d'y faire figurer certains points de détail, dans lesquels le diable se cache souvent, dit-on. La convention homologuée est une protection du parent de bonne foi contre les rendez-vous manqués à répétition et la guerre d'usure.

On m'opposera qu'au moment de la séparation, il peut être mal perçu de consulter un juriste et a fortiori de solliciter l'avis d'un juge alors même que l'accord moral sur l'avenir de l'enfant semble acquis. Pourquoi mettre un pied dans ce système judiciaire tant redouté alors que tout va bien ? Pour la même raison qu'il vaut mieux, à certains stades de la vie, prendre un rendez-vous chez le dentiste ou chez le médecin tant que rien ne va trop mal.

La convention visée par le JAF ne fige en aucun cas l'équilibre des relations entre les parents. Elle établit une assurance en cas de dégradation des rapports, mais aussi une base de discussion lorsque la situation des parents ou de l'enfant évolue.

Lorsque les difficultés apparaissent

Je reprendrai l'exemple développé par Éric, du déménagement d'une mère indélicate alors que la résidence de l'enfant est fixée soit en alternance, soit à titre principal chez la mère avec droit de visite et d'hébergement chez le père. L'article 373-2 du Code civil prévoit l'obligation pour le parent qui transfère sa résidence d'en « informer préalablement » l'autre et en « temps utile » mais n'envisage pas de sanction en cas de non-respect. L'article 227-6 du Code pénal n'est pas plus dissuasif et encore moins répressif : il prévoit une peine maximum de six mois d'emprisonnement, mais uniquement dans le cas où le parent migrateur n'a pas notifié son changement de domicile dans un délai d'un mois à compter de son déménagement. Un mois, c'est largement le temps pour un enfant d'effectuer une rentrée scolaire et de verrouiller la situation. La riposte doit être immédiate : une saisine en référé (en urgence) du JAF. Avancée dans le respect des droits du père, la jurisprudence récente considère que dans le cas de transfert de résidence opéré frauduleusement, le tribunal territorialement compétent est celui du domicile du papa. Nous nous placions ici dans le cas où il existe une décision de justice. Si tel n'est pas le cas, l'affaire devient encore plus compliquée, les démarches seront longues et ardues. Or plus la procédure traîne en longueur, plus la probabilité que le juge entérine la situation d'éloignement est forte.

En tout état de cause, les chances pour un père d'obtenir la garde principale de l'enfant sont assez faibles, y compris si ses aptitudes à élever l'enfant et ses moyens sont identiques à ceux de la mère. Sous couvert de l'intérêt de l'enfant, la résidence habituelle est le plus souvent fixée par le juge chez la mère. Souvent mais pas toujours.

La légitimité de la mère à vivre avec son enfant est communément considérée comme allant de soi. Celle du père se conquiert de haute lutte. Il faut la démontrer par tous les moyens imaginables : des photographies du père avec l'enfant, de son appartement, de la chambre de l'enfant, de l'enfant en compagnie de ses grands-parents paternels. Il faut encore des attestations du plus grand nombre possible de personnes, certifiant que le père est attentif et aimant. L'avis des enseignants est essentiel, mais le devoir de réserve leur interdit de s'exprimer dans un cadre informel. Leur témoignage n'est recevable que dans le cadre d'une « enquête sociale » demandée par le juge en cas de conflit. Devant l'enquêteur, et seulement devant lui, un directeur d'école pourra alors confirmer que le père amène bien son enfant à l'école et vient le chercher à l'heure, qu'il assiste aux réunions de parents d'élèves, etc. Tout cela est fastidieux et très long. Il faut pourtant en passer par là. Un avocat compétent doit connaître les leviers à actionner pour réduire l'attente.

3 - Choisir son avocat

Les rapports entre les pères en souffrance et les avocats ne sont pas toujours simples, comme Éric s'est employé à l'exposer avec humour.

Je ne sais si je dois être rangée dans la catégorie des « Braves », celle des « Brêles » ou celle des « Brebis galeuses ».

Mais je peux toujours donner mon point de vue. Il est vrai que ma position d'observateur-acteur est plus confortable que celle de père-justiciable oppressé et anxieux.

En quelque domaine que ce soit, choisir un avocat n'est pas chose facile. Prendre connaissance de son expérience, tester ses connaissances et sa réactivité à un cas de figure précis n'est pas inutile. Consulter plus de deux ou trois avocats me semble toutefois un peu excessif car le père risque de recueillir autant d'avis que de personnes interrogées et de s'égarer dans des labyrinthes de constructions stratégiques plus ou moins bien étayées.

L'essentiel, comme le dit Éric, est que le courant passe. L'avocat doit se montrer à la fois humain et sans condescendance. Il doit faire preuve de pédagogie pour expliquer la procédure, ses étapes et ses délais – qui ne vont pas de soi. Pour ma part, j'encourage mes clients à se plonger encore et toujours dans leur dossier. L'avocat doit enfin faire preuve d'un minimum de disponibilité, répondre aux appels téléphoniques, communiquer à son client les écrits et conclusions et les lui faire relire soigneusement. Il doit aussi s'assurer que les rendez-vous nécessaires à l'avancement de l'enquête sociale ont été fixés et tenus, tancer un expert médico-psychologique pour qu'il rende son rapport en temps et en heure. Le papier à en-tête est fait pour ça.

Les dossiers relatifs « à la fixation ou à la modification des modalités de l'exercice de l'autorité parentale » demandent à l'avocat énormément de travail et d'implication. Souvent, les parents déstabilisés se présentent devant lui dans un état de fragilité extrême. Certains sont tourmentés et agressifs. Un échange loyal permet à l'avocat d'interpréter une situation et de deviner une possible souffrance de l'autre parent ou un fort malentendu dans le couple, que la justice seule ne pourra résoudre. L'avocat consciencieux n'est pas un béni-oui-oui.

Dans un contexte tendu, il doit parfois modérer son client et exposer les possibilités d'accord avec la partie adverse. Mais un accord n'est pas une capitulation en rase campagne, c'est au contraire souvent la garantie d'une vie meilleure pour le couple parental. Il existe bel et bien chez mes confrères des « brebis galeuses ». Je croise souvent le fer avec des avocats, souvent des femmes, opposés par conviction personnelle à toute forme de résidence alternée L'enfant doit habiter chez la mère : un point, c'est tout. Pourquoi ? Parce que c'est comme ça. Lorsqu'elles défendent les intérêts des pères, il leur arrive même de les dissuader de formuler une demande de résidence en alternance au prétexte que la cause est perdue d'avance ou que l'enfant est trop jeune. Elles baissent la garde sur la résidence, oserais-je dire. Cette stratégie est catastrophique. Pour le parent qui n'en dispose pas, exprimer une demande de résidence alternée permet notamment de prendre date : il sera plus facile d'introduire un tel souhait lorsque l'enfant sera âgé de six ou sept ans s'il a déjà été formulé par écrit trois années plus tôt, tout comme elle permettra à l'enfant de voir plus tard qu'il n'a pas été « abandonné » par son père. Ces professionnels du droit qui, à cause de leur vision dogmatique de la société, découragent les hommes d'assumer leur paternité, doivent être fuis à tout prix.

Il est un fait qu'en certains domaines, la justice ne « colle » pas avec suffisamment de promptitude aux changements des pratiques sociales. Faut-il s'en étonner ? Non. Appliquer le droit n'est pas chose facile dans une société en mouvement. Faut-il se résigner à cette inertie ? Pas davantage. La marge de manœuvre de l'institution judiciaire peut progresser sous la pression des justiciables ou de l'opinion, parfois lentement, parfois par à-coups. Les magistrats forment certes un corps dont la capacité de mouvement est réduite, mais ce sont aussi et surtout des hommes et des femmes (essentiellement des femmes, soulignera Éric) qui, comme tous les citoyens, peuvent changer d'avis.

Quant à Éric, j'espère sincèrement que son témoignage permettra de faire évoluer sa situation afin qu'il puisse, enfin, profiter pleinement de son fils.

Table des matières

Composition :
L'atelier des glyphes

Dépôt légal : mars 2015 N° imprimeur : 031550988

Imprimé en France par Présence Graphique - Monts